내 영혼을
춤추게 했던
날들

철없던 어린 시절처럼
살 수만 있다면

내 영혼을
춤추게 했던 날들

초판 1쇄 발행 2019년 1월 11일

지 은 이 김재원
발 행 인 권선복
편   집 전재진
디 자 인 서보미
전 자 책 서보미
발 행 처 도서출판 행복에너지
출판등록 제315-2011-000035호
주   소 (07679) 서울특별시 강서구 화곡로 232
전   화 0505-613-6133
팩   스 0303-0799-1560
홈페이지 www.happybook.or.kr
이 메 일 ksbdata@daum.net

값 15,000원
ISBN 979-11-5602-683-9 03190

도서출판 행복에너지는 독자 여러분의 아이디어와 원고 투고를 기다립니다. 책으로 만
들기를 원하는 콘텐츠가 있으신 분은 이메일이나 홈페이지를 통해 간단한 기획서와 기
획의도, 연락처 등을 보내주십시오. 행복에너지의 문은 언제나 활짝 열려 있습니다.

내 영혼을
춤추게 했던
날들

철없던 어린 시절처럼
살 수만 있다면

김재원 지음

도서
출판 행복에너지

"철없던 어린 시절처럼 살 수만 있다면, 얼마나 좋을까?"

이 말은 내 삶 언제 어디서나 따라다니며 어린 시절의 순수했던 일들을 맑게 회상시켜 주었고, 회상 속에 투영되는 그 순수했던 일들은 늘 내 영혼을 울리고 웃기며 춤추게 해주었다.

어렸던 그 시절이 지난 뒤에도 가끔 "그때처럼 살아가야지!" 하고 생각했었지만 그때마다 "세월이 너무 빠르게 지나쳐버려 아무 소용없는 일이야."라거나 "다시 돌이킬 수 없는 일이잖아!" 하며, 이유 같지도 않은 이유로 내 삶을 애써 치장했다. 이렇게 연극 같은 핑계로 누더기가 되어버린 인생노트를 써내려 왔던 것이 내 삶의 방식이었고, 삶 그 자체였다.

다행스럽게도 철없던 어린 시절의 삶은 늘 무엇과도 바꿀 수 없는 내 인생의 근원이 되어 주었고, 영혼이 조금씩 더 따뜻하고 순수하게 깨어 있도록 해주었다.

"삶이란 다 그런 거야!" 하고 스스로 위로해 보기도 하였다. 하지만 내 인생에 대해 지나치게 무책임한 말장난처럼 들릴 뿐이었다. 그래서 어린 내 영혼을 따뜻하게 달래주고 춤추게 했던 날들,
바로 그때 그 시절의 순수했던 날들을 회상해 본다.

오직 순진한 마음으로, 그 시절 그날들처럼 가장 철들지 않았지만 가장 순수했던 나의 모습을 그리워하며, 내 영혼이 다시 춤추는 날들을 만들며 살고 싶다.

2018. 12. 하얀눈이 덮인 산자락에서

저자 김재원 씀

차 례

제1장

하얀 찔레꽃 이야기

밝은 달빛과 별빛에 더하여
찔레꽃 향기가 가득했던,
그날 밤
어머니와 나는 슬픈 찔레 처녀 때문에
바보처럼 실컷 울기도 했지만,

슬픈 찔레 처녀 덕분에
어머니 가슴에 꼭 안겼을 때 느꼈던 체온,
바로 어머니 가슴 속의
포근하고 따스했던 어머니의 그 체온은
어린 시절 내내 내 영혼을
따뜻하게 지켜주었었다.

찔레꽃은 너무 슬펐었다

"넷째야! 뭐하니?"

나는 졸던 강아지 귀 쫑긋 세우듯이 문틈에 귀를 기울였다.

잠시 후

"넷째야! 뭐하니? 자니?"

바깥마당 쪽에서 어머니의 목소리가 문틈을 통해서 밝은 달빛과 함께 나지막이 들려왔다.

"엄마! 왜?" 하고 무덤덤한 말투로 대답하자, "아니, 그냥 물어보는 거야." 하는 어머니의 싱거운 대답이 돌아왔다.

"응, 나도 그냥 잠자려고 누워 있어."라고 또 가볍게 답하자,

　　"그럼 잠깐만 밖에 나와 봐! 달이 너무 밝아! 그리고 별도 너무 많아!" 하는 어머니의 말이 끝나기도 전에, 무언가 좋은 것이 있을 것만 같은 예감이 들어 방문을 활짝 열고 용수철이 튕겨 나가듯이 밖으로 뛰어나갔다.

　　맨발로 튀어나온 나를 보시더니 어머니는 "애야! 신발은 신어야지." 하셨다.

　　나는 어머니의 말을 들은 체도 하지 않고, 두 팔을 하늘 높이 벌려서 달빛을 한 아름 끌어안았다.

"와! 달빛이 너무 밝다, 별들이 내 머리 위로 쏟아질 것 같다."라고 하면서, 철부지답게 마냥 좋아했다.

달이 대낮처럼 밝아서 산자락에 있는 우리 집, 집 뒤에 있는 산, 집 주위에 있는 나무들이 각자의 모습 그대로 선명하게 보이는 달밤이었다.

어머니는 집 안으로 가셔서 마루 밑 토방에 있던 내 검정고무신을 가져와서, "자! 얼른 신어!" 하고 던져 주셨다.

나뒹구는 신발을 얼른 주워 신으며 어머니 얼굴을 쳐다보자, 어머니는 "넷째야! 밤하늘이 너무 멋지지?"라고 하셨다.

난 "응, 너무 멋져!"라고 짧게 대답했다.

어머니는 달과 별이 빛나는 하늘과 마당 주변을 둘러보았다.

그러고는 무언가 생각에 잠긴 듯, 먼 산 쪽을 바라보셨다.

어머니에게 바짝 다가가서 "엄마! 그쪽은 왜 그렇게 보고 있어?"라고 가볍게 묻자, 어머니는 별것 아니라는 표정으로 "그냥 외할머니가 잘 계신지 궁금해서."라고 짧게 말하셨다.

그때서야 어머니가 바라보고 계셨던 곳이 바로 외할머니가 사시던 곳이었다는 것을 알 수 있었다.

어머니는 오늘 밤은 달빛이 유난히도 밝다고 하시더니, 내 뒤쪽을 한 손가락으로 가리키시며, "얘야! 저기 봐! 저 꽃이 무슨 꽃인지 알지?"라고 물으셨다.

"엄마! 어느 것?" 하고 되묻자, "저기 마당 끝 개울가에 있는 하얀 꽃 말이야! 저기 하얀 꽃이 많이 피어 있잖아! 그 꽃 말하는 거야!"라고 하셨다.

"엄마! 저 꽃은 찔레꽃이잖아!"라고 자신 있게 말했다.

"그래 맞아, 찔레꽃이야. 참 예쁘지?" 하시는 어머니의 얼굴을 쳐다보며, "응, 참 예쁘다. 너무 예뻐! 엄마! 그런데 왜 그 꽃을 물어보는 거야?" 하고 의아스럽다는 표정으로 묻자, "글쎄, 왜 갑자기 그걸 물어봤지?" 하시면서, 혼자서 중얼거리듯이 작은 목소리로 내 생전 처음 들어보는 노래를 부르고 있었다.

나는 생전 처음 들어보는 노래여서 따라 부를 수가 없었다. 무슨 노래인지는 몰라도 찔레꽃이라는 말이 종종 나오는 것으로 보아, 찔레꽃과 관련된 노래임에는 틀림없었다.

노래가 끝나자, 어머니는 달빛에 흠뻑 젖어 유난히도 밝게 보이던 하얀 찔레꽃을 가리키시며, 무언가 찔레꽃에 숨겨진 사연을 말해주고 싶었던 것 같았다.

찔레꽃은 사연이 많은 꽃이었다

어머니는 "애야! 넷째야! 엄마가 찔레꽃 이야기 해 줄까?" 하시며, 내 한쪽 손을 살며시 잡아주셨다.

"응, 근데 찔레꽃 이야기 재미있어?"라고 지나가는 말로 물어 보자, "엄마도 네 외할머니에게서 들은 이야기야. 잘 들어봐! 재미있을 거야. 근데 슬프기도 할 거야."라고 하시더니, 어머니는 달빛을 받아 눈이 쌓인 것처럼 하얗게 피어 있는 찔레꽃이랑 내 얼굴을 번갈아가며 바라보시면서, 잔잔하면서도 또박또박한 목소리로 이야기 끈을 풀어 놓기 시작하셨다.

나는 어머니 옆에 바짝 다가가서 귀를 세우고 들었다.

"옛날에 나쁜 나라 사람들이 우리나라에 쳐들어와서 찔레라고 부르던 처녀를 붙잡아 끌고 갔는데, 그 찔레 처녀가 고생고

생 끝에 도망 나와서 10년도 넘은 뒤에 고향으로 왔다는 거야.

그런데 고향에는 이미 가족들이 모두 없어진 뒤였지. 그래서 찔레 처녀는 울면서 가족들을 찾으려고 깊은 산속으로 들어가 동생의 이름을 부르면서 산골짜기를 헤매다가 굶어 죽었다는 거야.

그 뒤로 산골짜기마다 찔레 처녀의 착한 마음을 닮은 하얀 꽃들이 피었다는데, 사람들은 불쌍하고 착한 찔레 처녀의 이름을 따서 그 꽃을 찔레꽃이라고 불렀다는 거야. 찔레 처녀가 너무 불쌍하지?"라고 하시며, 이야기를 잠시 멈추셨다.

나는 잽싸게 어머니 이야기에 끼어들어 "엄마! 그럼 찔레꽃은 너무 슬픈 꽃이네!" 하자, "응, 맞아! 너무 슬픈 꽃이지. 그래서 더 예뻐 보이는지도 모르고."라고 하셨다.

어머니는 눈물을 흘리시는 모습을 내게 들키지 않으려고, 얼굴을 뒤쪽으로 돌린 채 두 손으로 얼굴을 닦아 내리는 듯이 눈물을 훔치셨다.

나는 용케도 달빛에 비친 어머니의 눈물을 보게 되었다.

나도 모르게 어머니를 흔들면서, "엄마! 왜 울어?"라고 물었다.

어머니는 작고 떨리는 목소리로 "찔레 처녀가 너무 불쌍하잖아."라고 짧게 잘라서 말했다.

　나는 어머니가 눈물을 흘리시는 것이 이상하다는 듯이 갸우 뚱한 표정을 지으면서 "엄마! 찔레 처녀, 엄마가 잘 아는 사람이야?"라고 묻자, 어머니는 "찔레 처녀가 엄마랑 잘 아는 사이는 아니었지만, 무서운 먼 나라로 끌려가서 생고생하고 죽기 살기로 고향에 있던 가족을 찾아왔는데, 이미 가족은 모두 없어졌다고 했잖아! 그리고 깊은 산골짜기로 가족을 찾으러 가서 헤매다가 굶어 죽었다고 했잖아! 그런데도 넌 찔레 처녀가 불쌍하지도 않니?"라고, 내 물음에 실망스럽다는 어조로 말하셨다.

어머니 이야기가 내 울음보를 터트렸다

　"엄마 이야기 들으니까 찔레 처녀가 너무 불쌍해!"라고 말하려고 했는데, 갑자기 나도 모르게 흘러나오는 눈물이 멈춰지지 않았고, 양어깨가 들썩일 정도로 슬프게 울어졌다.

　"엄마 이야기 들으니까 찔레 처녀가 너무 불쌍해!"라는 말은 끝내 꺼내지도 못하고, 어머니 품에 안겨서 어머니를 꼭 껴안고 어머니랑 한참 울었었다.

어머니 가슴도 내 가슴도 모두 눈물로 흠뻑 젖었다. 어머니의 가슴과 내 가슴은 둘이서 흘린 눈물로 따뜻하게 데워져 있었다. 나와 어머니의 흠뻑 젖은 가슴을 밝은 달과 수많은 별들이 내려다보며 부러워하는 듯이 반짝이고 있는 것 같았다.

어머니와 나는 언제 울었느냐는 식으로 깔깔거리며, 바깥마당을 몇 바퀴 빙빙 돌다가, 마당 한가운데에 쪼그려 앉아 있었다.

"너 먼저 들어가서 자라!"는 어머니 말에 어머니도 함께 들어가서 자자고 졸랐지만, 어머니는 좀 더 있다가 자겠다며 바깥마당에 앉은 채로 남아 있었다.

먼저 방에 들어가서 잠자겠다는 신호로 어머니에게 고개만 끄덕여서 대답하고, 혼자 먼저 방에 들어와서 잠에 곯아떨어져 꿈을 꾸었다.

그날 꿈은 어머니랑 내가 슬픈 찔레 처녀의 가족을 깊은 산골짜기 가시나무 밑에서 찾은 후, 우리 가족과 찔레 처녀 가족이 큰 호두나무가 서 있던 우리 집에서 함께 사는, 아름답고 슬프면서도 행복한 꿈이었다.

그날 밤 꿈은 내 어린 시절의 삶을 따라다니며, 기억 속에서 지워지지 않았던 따뜻한 꿈이 되었었다.

찔레 순은 달콤했다

"넷째야! 우리 어디까지 얘기했지?" 하시며, 어머니가 나지막한 목소리로 물으시기에, "응, 찔레꽃은 너무 슬픈 꽃이라는 얘기까지 했잖아!"라고 대답하자, "그래 맞아, 거기까지 했지."라고 하셨다.

"음, 그리고 네 외할머니는 늘 찔레꽃머리가 일 년 열두 달 중에 가장 살기 힘든 때라고 하셨어. 그러고는 찔레꽃머리에는 시집간 딸들은 친정에도 절대로 가지 말라고 했었지."라는 어머니의 말이 끝나자마자, "엄마! 찔레꽃머리는 또 뭐야?" 하고 묻자, "응, 찔레꽃머리라는 것은 요즘처럼 찔레꽃이 피기 시작할 때를 말하는 거야.

일 년 중에 가장 먹을 것이 없어서, 가난한 사람들이 배곯을 때라는 것이지.

지금처럼 찔레꽃이 피는 시절에는 먹을 것이 없어서 찔레 순을 너도 나도 많이들 꺾어서 먹었었어.

살려고들 그렇게 찔레 순을 꺾어서 먹었던 거지.

그리고 또 죄 없는 보리만 원망했다는 거야, 빨리 누렇게 익지 않고, 왜 파랗게 남아 있느냐고 하며 원망했다는 거야.

참 웃기지? 보리도 익을 때가 되어야 익지 아무 때나 익을 수는 없는 거잖아.

보리가 익기 싫어서 안 익은 것도 아닌데, 안 그러니?

괜히 아무 잘못도 없는 보리 탓만 하면서 원망했다니, 참 웃
긴 거지."라고 하셨다.

난 "응, 엄마 말이 맞아! 그건 참 웃기는 거야! 그땐 아무 잘
못도 없이 실컷 욕만 먹은 보리도 억울하다고 했을 거야!"라고
어머니의 말끝에 맞장구쳐 드렸다.

어머니는 기특하다는 듯이 내 머리를 손으로 쓰다듬어 주셨다.

어머니 손결의 촉감은 아주 부드럽고 따뜻했다.

내 어린 기억에 하얀 찔레꽃은 보통 초여름이 시작되는 오
뉴월에 하얀 눈이 덮인 것처럼 피었다가 하얀 꽃잎은 한순간에

다 떨어졌다.

비가 오는 날이면, 바깥마당에는 하얀 찔레꽃잎이 수놓은 것처럼 떨어져 있었다.

무더운 여름이 지나가고 시원한 바람이 불기 시작하면, 그 찔레꽃이 피었던 자리에 작은 콩알만 한 크기의 빨간 열매가 주렁주렁 매달렸다.

열매도 꽃처럼 귀엽고, 참 예뻤다.

어린 시절 옆집 또래 친구들이랑 찔레 순을 참 맛있게 먹었었다.

찔레 순은 넝쿨 줄기에서 움나는 것도 있었고, 땅속에 있는 뿌리에서 솟아나는 찔레 순도 있었다. 넝쿨에서 움나는 찔레 순은 가늘고 짧아서 별로 먹을 것이 없었지만, 손쉽게 꺾어서 먹을 수 있었다. 땅속뿌리에서 솟는 찔레 순은 연필보다 훨씬 굵고 길어서 몇 개만 꺾어도 제법 먹을 것이 되었다.

그래서 힘들어도 크고 잘생긴 찔레 순을 꺾기 위해서 찔레나무 덩굴 속 밑으로 기어들어 가서 땅속뿌리에서 솟아나는 찔레 순을 꺾으려고 했었다.

찔레 순은 연한 녹색으로 가시가 붙어 있는 껍질을 벗겨서 입안에 넣고 씹으면, 아주 달콤하고 향기로웠다.

때로는 찔레꽃잎도 몇 잎씩 따서 입안에 넣고 씹으면, 처음에는 향기롭지만 조금만 더 씹으면 덜 익은 감을 먹었을 때처럼 입안이 텁텁하고 개운치 않아서 뱉어 버렸다.

나는 어머니가 하얀 찔레꽃을 가리키며, '저기 저 꽃이 무슨 꽃인지 알지?'라고 물을 때, 찔레꽃이라고 대답하면서 찔레꽃을 꺾어다 어머니에게 드리려고 달빛에 반사되어 빛나던 하얀 찔레꽃을 향해서 달려갔다.

그 순간 어머니는 달려가는 내 뒤통수에 대고 소름끼치는 목소리로 "애야! 가지 마!"라고 소리치셨다.

나는 찔레꽃을 향해 달려가다가 땅바닥에 얼어붙은 것처럼 멈춰 섰다.

머리끝이 솟구칠 정도로 섬뜩한 느낌이 온몸에 한동안 흘렀다. 무언가 싸늘한 것이 내 몸을 휘감는 것 같았다. 바로 며칠 전에

생각만 해도 오싹해지는 끔찍한 경험을 했기 때문이었다. 마치
얼어붙은 얼음조각처럼 몸을 조금도 움직일 수가 없었다.

어머니가 달려와 내 팔을 잡고 끌어당겨 주어서 겨우 발걸음
이 떨어지기 시작했다.

뱀 녀석이 미웠었다

그 끔찍했던 경험은 다름 아닌 땅속뿌리 속에서 솟아난 크고
물이 많이 나오는 찔레 순을 꺾으려는 순간에 일어났다.

나는 우리 집 바깥마당 끝에 있던 개울가 언덕배기에 서 있
는 찔레나무 숲으로 몸을 최대한 낮춘 채 기어들어 갔는데, 한
팔쯤 떨어진 곳에 죽순 돋아나듯이 크게 잘 자란 찔레 순들이
눈에 띄었다.

망설임 없이 찔레 순을 향해서 팔을 뻗는 순간 싸늘하면서도
불길한 느낌이 온몸에 감지되었다.

뻗었던 손을 슬그머니 뒤로 빼고 찔레 순 쪽의 주위를 자세
히 보니, 몸을 둥글게 말아서 똬리를 틀고 앉은 채로 머리 쪽을

이십 센티쯤 치켜세운 커다란 뱀이 '이놈 봐라!' 하는 듯이 날 노려보고 있었다.

그 소름끼치는 뱀을 본 순간, 나는 "엄마! 뱀이야!"라고 비명을 지르며, 눌려 있던 스프링이 튕겨나가듯이 뒤로 나가떨어져 그만 언덕 밑 개울물에 꼴사납게 처박혀 버렸다.

정신을 차려 뱀이 있던 곳을 쳐다보자, 뱀이 내 눈이라도 빼먹을 것처럼 소름끼치는 긴 혀를 좌우로 안팎으로 신랄하게 놀리면서 쏘아보고 있었다.

그 무서운 놈은 온몸이 색동처럼 형형색색으로 치장된 화려한 꽃뱀이었다. 그놈은 천천히 똬리를 풀기 시작했다.

나는 그놈이 나를 공격하려고 똬리를 풀고 있다고 생각했다. 그놈의 공격을 피하기 위해서 정신없이 물 밖으로 나와 꼬리가 빠지도록 도망쳐서, 우리 집 앞마당으로 올라왔다.

뒤로 나가떨어질 때 개울물 위로 솟아 있던 돌에 얼마나 세게 처박혀 버렸던지, 꼬리뼈가 부서진 것같이 아파서 걷지도 못할 정도로 괴로웠다.

너무도 아파서 땅바닥에 쪼그리고 앉아서 한참 동안 울었다.

나를 도와줄 사람이 아무도 없었다는 것이 더욱 괴로웠다.

꼬리뼈가 빠져나가는 것처럼 아프게 한 그 꽃뱀이 밖으로 나오면, 몽둥이로 때려죽이고 싶었다. 꽃뱀 녀석은 운 좋게도 내가 있던 방향으로 나오지 않고, 찔레나무 밑에 있던 뱀 구멍 속으로 들어가 버렸다. 찔레나무 숲 밖으로 나왔더라면, 나의 몽둥이질에 맞아서 쭉 뻗었을 텐데, 정말 운이 좋았던 녀석 같았다.

어머니는 찔레나무는 대개 개울가나 산 밑자락에 흩어져 자라며, 찔레꽃이 필 때면 찔레꽃 향기가 진하고, 그늘이 져서 시원하고, 아침이슬을 마음껏 먹을 수 있기 때문에 뱀들이 좋아하는 곳이라고 언젠가 얘기해 주신 적이 있었다.

그리고 뱀은 사람들이 먼저 뱀을 해치지 않으면 그 녀석들도 절대로 사람을 해치지 않을 것이라며 나를 안심시켜 주기도 했었다.

그날 내가 개울물에 꼴좋게 처박혀버린 것도 알고 보면, 내가 먼저 꽃뱀 녀석이 편안하게 그늘에서 쉬고 있던 곳을 함부로 침범한 것이지, 결코 그 꽃뱀 녀석이 나를 먼저 해치려고 한 것이 아니라는 사실을 일깨워 주셨다. 살아가면서 상대방의 입장에서 한 번만 더 생각해 보고 행동한다면, 이 세상에 내가 서운할 일이 없을 거라고도 하셨다.

처음에는 어머니가 나를 설득시키려고 하시는 말이 머릿속에 잘 들어오지도 않았고, 무조건 그 소름끼치는 꽃뱀 놈이 미웠다. 어머니는 그런 나를 깨우쳐 주시려고 단단히 벼르셨던 것 같았다. 내가 듣든 말든 어머니는 조용조용 한참을 이런 저런 이야기를 설교하듯이 반복해서 해주셨다.

어머니가 들려주시던 설교 형식의 이야기를 지겨울 정도로 들고서야, 뱀들도 아름답고 향기로운 꽃을 좋아한다는 사실과 뱀 녀석들도 아무 이유 없이 우리들을 괴롭히지 않는다는 사실을 하나씩 알게 되었다.

어머니는 산이나 개울가의 아름답고 향기로운 꽃나무 밑에는 반드시 뱀이 무섭게 도사리고 있을 거라고 가르쳐 주시며, 그런 곳에 갈 때는 항상 조심해야 한다고 하셨다.

달빛에 빛나던 하얀 찔레꽃을 향해서 달려갈 때, 어머니가 달려가는 내 뒤통수에 대고 소름끼치는 목소리로 "애야! 가지 마!"라고 소리를 지르셨다. 비명 섞인 어머니의 목소리가 내 머릿속에 박히는 순간, 며칠 전 혀를 길게 빼고 나를 노려보던 형형색색의 꽃뱀 녀석이 내 온몸을 통째로 싸늘하게 감아버리는 느낌이었다.

나는 곧 내 온몸이 얼음처럼 굳어져 버린 것처럼 느껴져서, 꼼짝달싹할 수 없었던 것이었다.

어머니 가슴은 따뜻했었다

내가 어린 시절을 보낸 우리 집은 낮은 산자락에 지은 오래된 초가지붕의 낡은 집이었고, 집 앞에는 작은 개울물이 졸졸 흘렀었는데, 찔레나무처럼 덩굴진 나무들이 어우러져 있어서 뱀 녀석들이 살기에는 아주 좋은 곳이었다.

그래서 캄캄한 밤길에는 불청객인 크고 작은 뱀 녀석들이 자주 찾아와서 우리들을 놀라게 했기 때문에 저녁에 밖으로 나갈 때는 무릎까지 올라오는 긴 고무장화를 신고 다니기도 했었다.

아버지랑 어머니는 늘 풀숲을 지나갈 때는 긴 막대기로 헤치며 지나가셨다. 찔레 순을 꺾으러 갈 때나 산딸기를 따러 갈 때는 긴 막대기로 나무 밑을 잘 살펴서 뱀이 있는지 없는지 확인하고 나서 가까이 가야 한다고 주의를 주곤 했었다.

그때마다 나는 알았다는 듯이 고개를 끄덕였다.

어린 시절을 생각하면, 늘 우리 집 바깥마당가 언덕배기에 있는 달빛을 흠뻑 받은 하얀 찔레꽃이 그려졌었다. 그리고 찔레 순의 달콤한 맛과 청아하면서도 은은한 향기가 느껴졌었다.

　꼬리뼈가 빠져나갈 듯이 아프도록 나를 혼내 주었던, 그 무서운 꽃뱀 녀석도 내 기억 속에서 지워지지 않고 늘 어린 내 기억 속에 섞여서 지독하게도 따라다녔었다.

　그 꽃뱀 녀석만 생각하면, 언제나 꼬리뼈가 빠져나가는 듯이 아픔이 느껴졌었다. 또 머리끝이 곤두섰고 싸늘했던 느낌이 그때처럼 나의 온몸을 감아버렸었다.

　하지만 그 꽃뱀 녀석은 함부로 남의 것을 빼앗으려 하지 말고, 무언가 이득을 얻으려면 그 이상의 대가를 치러야 한다는 것을 나에게 가르쳐 주려고 그 자리에 나타났을 거라고 하신 어머니의 말씀과, 모든 일에 상대방의 입장에서 한 번만 더 생각해 본다면, 이 세상에 내가 서운할 일이 없을 거라고 설교하듯이 들려주셨던 어머니의 말씀이 어린 시절 내내 내 삶 어디에나 졸졸 따라다녔었다.

　나도 그 꽃뱀 녀석을 해치고자 하는 생각은 눈곱만치도 없었으니, 그 꽃뱀 녀석도 나를 해칠 생각은 조금도 없었을 것이다.

그날 어머니 말씀대로라면, 오히려 내가 그 꽃뱀 녀석을 해칠까봐, 그 녀석이 나보다 더 잔뜩 긴장하고 놀랐을지도 모른다.

나와 그 녀석이 서로 대화가 통했더라면, 그런 아픈 일도 불미스러운 일도 없었을 텐데, 서로 상대의 마음을 알 수 없었던 것이 아쉬웠다.

내 어린 기억 속에서 하얀 찔레꽃과 찔레꽃 향기는 너무도 슬펐다는 것은 분명했다. 그래서 언제 어디서나 찔레꽃을 만나게 되면, 어머니 품에 안겨 실컷 울었던 그날 밤이 생각이 나 울컥하곤 했었다.

유난히도 밝았던 그 달빛과 수많은 별빛을 바라보며, 두 손 모아 빌고 빌었던 소원들은 늘 오늘 간절히 비는 소원들처럼 내 어린 기억 속에 생생하게 현상되어 떠올랐었다.

무엇보다도 밝은 달빛과 별빛에 더하여 찔레꽃 향기가 가득했던, 그날 밤 어머니와 나는 슬픈 찔레 처녀 때문에 바보처럼 실컷 울기도 했지만, 슬픈 찔레 처녀 덕분에 어머니 가슴에 꼭 안겼을 때 느꼈던 포근하고 따스했던 그 체온은 어린 시절 내내 내 영혼을 따뜻하게 지켜주었었다.

제2장

위기의 꿈을 구하다

어린 시절 가끔 산과 들에서
꿩들이 즐겁게 놀고 있는 것을 보거나,
산이 갈라질 듯이 강하게 울려오는
꿩의 울음소리를 들을 때면,
거의 죽을 고비를 간신히 넘기고
살아서 우리 곁을 떠났던 그 녀석들이
우리 덕분에 잘 살고 있다는
소식을 전해주는 것 같아서 기분이 좋았었다.
그럴 때마다 어린 그 시절
내 영혼은 춤추는 듯이 기뻤었다.

끔찍한 현장을 목격하다

우리 집 뒤에 있는 산모퉁이를 따라가면, 산 밑자락과 나란히 누워 있는 꽤 길고 큰 밭이 있었다. 우리 가족이 경작하고 있는 몇 곳의 밭 중에는 제일 큰 밭이었다.

그 밭에는 주로 보리, 밀, 콩, 고구마, 무, 배추 등을 심었었는데, 내가 어느 정도 컸을 때는 그 전부터 잎담배를 재배하셨던 작은 외삼촌의 권유로 잎담배를 재배했었던 곳이었다.

어느 늦은 봄날 정오쯤에 아버지와 어머니, 그리고 나는 그 밭에서 밭일을 하고 점심을 먹으러 잠시 집에 오는 길이었다.

어머니랑 나는 아무 소리를 듣지 못했는데, 아버지는 무슨 소리를 들으신 모양이었다.

아버지는 지게를 지고 조금 앞에 가셨고, 어머니 그리고 나 순으로 뒤따라서 걸어갔기 때문에 아버지와 나의 거리는 대략 대여섯 걸음 정도 떨어진 상태였다.

아버지는 지게를 세워둘 때 사용하는 긴 작대기를 갑자기 두 손으로 움켜쥐시더니, 누렇게 익어가는 보리 숲을 살짝 제치시면서 무언가를 살피고 계셨다.

내가 아무 영문도 모르고 호기심에 바짝 다가가서 구경하려 하자 어머니는, "애야! 이리 와!" 하고 낮고 짧게 비명 같은 소리를 지르시며, 내 어린 팔을 확 잡아당기셨다.

팔이 빠져나가는 것처럼 아팠지만, 소리를 지를 수가 없었다. 무언가 심각한 일이 벌어지고 있다는 걸 직감적으로 느꼈기 때문이었다. 어머니 엉덩이 쪽으로 바짝 붙어서 돌아 아버지 쪽으로 다가섰다.

아버지가 제쳐 놓은 보리 숲 사이로 보이는 것은 내가 전혀 생각지도 못했던 끔찍한 장면이었다. 그 끔찍한 현장은 내가

서 있는 곳에서 불과 2미터 정도 떨어져 있어서 자세히 보였었다.

그 현장은 평온했던 한 가족을 몰살시키는 참혹한 현장이었다.

어른 팔뚝보다도 훨씬 커 보이는 시커먼 구렁이가 알을 품고 있던 어미 꿩의 온몸을 둘둘 감아서 옥죄고 있는 장면이었다.

어미 꿩이 아직 살아 있는 것을 보니, 아버지가 이상한 소리를 들은 그 순간에 흉악한 구렁이가 어미 꿩의 몸을 공격하며 감기 시작했던 것 같았다.

속수무책으로 당해버린 불쌍한 어미 꿩은 힘없이 우리를 쳐다보았다. 구조를 요청하는 급박하면서도 가련한 눈빛이었다. 어미 꿩은 아무 소리도 지르지 못하고, 그저 두려움에 떨고 있는 모습이었다.

보기만 해도 소름이 끼치는 구렁이도 우리가 자신을 건드리면, 그냥 두지 않겠다는 기세로 우리를 노려보고 있었다.

아버지와 구렁이가 전투를 했다

그 참혹한 현장을 처음 목격했던 순간부터 이 급박한 장면을 어떻게 해결해야 할지 머리가 복잡해졌고, 머리 털끝이 거꾸로 곤두서는 것 같았다.

아버지는 아주 다급하다는 듯이 등에 지고 있던 지게를 뒤로 내던져버리고, 작대기만 들고 어미 꿩과 구렁이에게 접근했다.

내던져진 지게는 밭둑 아래 개울물로 나가떨어져 처박혔다.

어머니는 아버지에게 위험하다며 소름끼치는 구렁이에게 접근하지 못하게 했다.

아버지는 어머니의 말을 들은 체도 하지 않고, 긴 작대기로 구렁이의 몸을 꾹꾹 찌르면서 다가가기 시작했다.

아버지가 몸을 갑자기 뒤쪽으로 피하는 것을 보니, 구렁이의 저항도 만만치 않은 것을 알 수 있었다.

어머니와 나는 아버지의 "저리 비켜!" 하는 다급한 소리에 겁에 질려서 도망쳐 대여섯 걸음 더 떨어진 위치에서 구렁이와 아버지의 전투를 가슴 졸이며 바라볼 수밖에 없었다.

아버지는 갑자기 긴 작대기를 하늘 높이 쳐들더니, 힘차게 땅 바닥을 향해 내려쳤다. 떨어져 있는 나에게까지 구렁이의 머리가 작대기에 부딪히는 소리가 들려왔다. 아버지는 "이놈!

정통으로 맞았다!"라고 하시면서, 몇 번 더 내리치셨다.

어머니랑 나는 살금살금 다가가서 살벌한 광경을 슬쩍 살펴보았다. 끔찍해서 눈을 뜨고서 차마 볼 수가 없었다. 어머니도 끔찍해서 볼 수 없다는 듯이 고개를 다른 쪽으로 돌렸다.

아버지의 인정사정없는 작대기질에 작살난 구렁이는 피를 흘린 채 길게 쭉 뻗어 있었다. 뻗어버린 구렁이 옆에는 구조를 애타게 기다리며, 우리를 쳐다보았던 어미 꿩이 눈동자가 흐릿한 상태로 두 발의 발가락을 모두 구부린 채 힘없이 쓰러져 옆으로 누워 있었다.

아버지는 먼저 징그러운 구렁이부터 긴 작대기에 걸쳐 밭둑 아래 개울물 쪽으로 "에이, 나쁜 놈!" 하고 던져서 버렸다. 다시 살아서 우리를 해칠지 모른다면서, 온 힘을 다해서 멀리 던져 버렸던 것이었다.

구렁이는 개울물 반대쪽 언덕의 키가 큰 억새풀 섶에 떨어졌기 때문에 어떻게 처박혔는지는 전혀 알 수가 없었다. 그 흉악했던 구렁이는 나쁜 짓을 했던 놈이니까 분명히 꼴사납게 처박혀 버렸을 거라고 생각하며 고소하다고 생각했다.

그놈은 대충 보아도 내 키보다 더 커 보일 정도로 큰 구렁이
였다.

불쌍한 꿩에게 기적이 일어났다

아버지랑 어머니랑 나는 아수라장이 되어 버린 꿩의 집과 가
족을 보살피기 시작했다.

어미 꿩이 품고 있던 알들은 이리저리 나뒹굴어서 흩어져 있었
다. 순식간에 처들이닥친 흉악한 구렁이에게 어미 꿩의 가족은 속
수무책으로 당하면서 집도 가족도 모조리 망가져 버린 것이었다.

아버지가 꿩의 가족을 살피던 중 어미 꿩의 힘없는 움직임을
보고 "아직 살았네!" 하시며, 두 손으로 일으켜 세워 보려고 하
자, 어머니는 고개를 저으며, "틀렸다."고 낮으면서도 슬픈 목
소리로 말했다. 어머니의 "틀렸다."는 슬픈 말은 어린 나에게도
"살 수가 없다."는 뜻으로 들렸다.

어미 꿩의 가족들이 너무 불쌍했다. 그 괴물 같은 구렁이만
아니었다면, 너무도 평온하고 행복했을 꿩 가족이었을 텐데,

너무나 불쌍해서 쳐다볼 수가 없었다.

그런데도 아버지는 갑자기 무슨 좋은 생각이 떠올랐다는 듯이 내 얼굴을 쳐다보시더니, "야! 어서 신발을 벗어서 개울물을 떠와라!"라고 하셨다.

나는 이유도 물을 것 없이 잽싸게 신발을 벗어들고 밭둑 아래에 있는 개울에 가서 양쪽 손에 신발 한 짝씩 물을 가득 떠서 아버지에게 갖다드렸다.

아버지는 그 물을 어미 꿩에게 먹이려고 했다.

어미 꿩은 입도 벌리지 않고, 힘든 호흡만 간신히 하고 있을 뿐이었다. 아버지가 몇 번 더 물을 먹여 보려고 시도했지만, 아무 소용이 없었다.

그 광경을 옆에서 지켜보시던 어머니는 "이미 다 틀렸다!"고 하시며, 슬픈 한숨만 쉬셨다. 아버지도 어머니의 말에 전적으로 공감한다는 뜻으로 "그래! 다 틀린 것 같다."고 하시더니, 어쩔 수 없다는 식으로 어미 꿩의 몸에 신발에 남아 있던 물을 흠뻑 뿌려 주었다.

그런데 이게 웬일인가?

어미 꿩의 몸이 조금씩 푸덕거리며 움직이기 시작한 것이었다.

아버지는 혼잣말로 "살 수도 있을 것 같은데."라고 하시면서, 나보고 "어서 물 한 번 더 떠와!"라고 하셨다.

꿩을 살릴 수도 있다는 희망에 기분이 들뜬 채로 개울물을 떠오려고 밭둑 아래로 내려가다가 쭈르륵 미끄러져 개울물에 처박혀 버렸다. 그래도 아픈 곳이 없었다.

아빤 내가 떠온 물을 꿩의 몸에 또 흠뻑 뿌려 주었다. 점점 더 확실한 기적이 일어나고 있었던 것이었다. 꿩은 감았던 눈을 떴다 감았다 몇 번 하더니, 스스로 일어서려고 발버둥 치기 시작했다.

틀렸다면서 포기했던 어머니마저도 "아까보다는 많이 좋아졌네." 하시면서, 바짝 다가와 지켜보셨다.

불쌍한 꿩 가족을 보살펴 주었다

기적처럼 조금씩 살아나는 어미 꿩에게 소리 없는 박수를 쳐

주었다. 우리 가족을 더 이상 슬프게 하지 않으려고 발버둥치는 어미 꿩이 고마웠다.

난 가여운 어미 꿩을 한 손으로 들어 보았다. 가랑잎 몇 개 붙은 마른 나뭇가지처럼 너무 가벼웠다.

내가 생각했던 어미 꿩의 몸무게가 아니었다. 손에 느껴지는 촉감으로는 뼈와 가죽, 털뿐이었다. 살점이라고는 전혀 붙어 있지 않은 너무도 삐쩍 마른 어미 꿩이었다.

내가 어미 꿩을 한 손으로 가볍게 번쩍 들어 보일 때, 어머니는 "알 낳고 품느라 삐쩍 말랐…." 하더니, 더 이상 말을 잇지 못하시고, 고개를 다른 곳으로 돌리셨다.

어미 꿩은 내가 땅바닥에 내려놓자, 아까보다는 훨씬 좋아진 자세로 비스듬하게 누워서, 우리가 하는 이야기를 다 듣고 있는 것처럼 피 맺혔던 눈동자를 움직여 보여주었다.

아버지는 "이만하면 충분히 살겠다."고 하셨다.

어머니는 "그 흉악한 구렁이가 덤벼드는데도 날아서 도망가지 못하고 잡힌 것을 보니, 너도 틀림없는 에미로구나!"라고 하셨다.

새끼인 알을 보호하기 위해서 구렁이가 덤벼드는데도 꿈쩍
도 하지 않고, 알만 감싸고 있다가 불행하게도 험악한 구렁이
에게 당했다는 것이었다.

어미 꿩은 자신은 무서운 구렁이에게 잡혀 먹히더라도 자신
의 새끼들만은 보호하려고 했던 것이었다.

어머니 말을 들으면서 내가 꿩은 날 수 있으니까 공중으로
날아갔으면 구렁이에게 잡혀 먹히지 않았을 것이라고 하자, 어
머니는 숙연한 목소리로 "위험에 처한 새끼들을 남겨두고 혼자
서만 살겠다고 차마 도망갈 수가 없었던 거지."라고 나지막이
옛날이야기를 들려주듯이 말씀을 하시더니, "사람이나 동물이
나 이 세상의 모든 에미들은 다 그렇지 뭐."라고 하시면서, 머
리에 두르고 계셨던 수건으로 눈물을 훔치셨다.

"그 무서운 구렁이가 덤벼들 때 어미 꿩은 얼마나 놀랐을까?"
라고 하며 어머니의 말끝에 맞장구쳐드리자, 어머니의 입에서는 "하
늘이 노랬고, 앞이 캄캄했겠지."라는 말이 자동으로 흘러나왔다.

땀이 흐르는 내 이마를 어머니가 손으로 쓰다듬어 주시는 동

안 나는 어미 꿩의 동태를 살피고 있었다.

누워 있던 어미 꿩은 정신이 좀 차려지는지, 간신히 일어나서 비틀비틀 거리더니, 한 발짝씩 발걸음을 옮기기 시작했다. 우리 가족은 숨을 죽이며, 한 발짝만 더, 한 발짝만 더 하면서 힘을 북돋아 주었다.

불쌍한 어미 꿩은 3미터쯤 보리밭 골을 따라서 걸어갔다. 내가 살금살금 쫓아서 따라가 보니, 제법 빠른 속도로 걷기 시작했다.

나는 이제 소름끼치는 구렁이처럼 나쁜 놈들 만나지 말고 잘 살았으면 좋겠다고 하면서 보내주었다.

우리는 어미 꿩이 없는 알들이 또 불쌍했다.

흩어져 있던 알은 계란보다는 조금 작은 크기이며, 약간 푸른빛이었다. 내가 모아놓고 세어보니, 10개였다. 나는 어미 꿩이 없으니, 우리 집에 가져가자고 어머니에게 말했다.

어머니는 틀림없이 어미 꿩이 알이 있는 이곳으로 와서 다시 알을 품어 새끼들을 까게 하든지, 아니면 다른 곳으로 옮겨서라도 알을 품을 것이라며, 그 자리에 알들을 두어야 한다고 하셨다.

아버지랑 나는 어머니의 말이 맞을 거라고 생각하고, 땅바닥
에 있는 그 불쌍한 녀석들의 집에 알을 나란히 뉘여 주었다. 완
전 엉망진창이 되어 버린 주위 보리 숲도 잘 세워서 꿩의 집이
밖에서 보이지 않도록 해주었다.

어머니는 어미 꿩이 다시 와서 새끼들과 잘 살았으면 좋겠
다고 했다. 나도 그랬으면 좋겠다고 하며, 그런데 "수꿩은 어

디 있어?"라고 묻자 엄만 이곳 어딘가에서 지켜보고 있었을 거라고 했다. "이 끔찍한 현장을 지켜봤을 수꿩도 분하고 속상했겠지."라는 내 말에 어머니는 대견스럽다는 듯이 나를 흘깃 쳐다보셨다.

나는 어미 꿩이 돌아올 때까지 수꿩이 빨리 와서 알들을 지켜주었으면 하는 마음에서 찾았던 것이었다.

꿩 가족에게는 불행 중 다행이었다

아버지는 우리가 지나가는 바로 그 순간에 우리 앞을 가로질러서 시커먼 구렁이가 지나가더니, 그 흉악스러운 일을 벌였다는 것이었다.

우리가 참혹한 현장 옆을 지나가던 그 순간에 바로 구렁이의 끔찍한 범행이 시작되었다는 것이 아버지의 설명이었다. 범행이 막 시작되는 순간이었기 때문에 요란한 소리가 들려서 아버지가 발견할 수 있었단다.

조금만 늦게 발견되었으면, 어미 꿩은 죽었기 때문에 발견되지도 않았을 것이고, 구렁이는 어미 꿩을 잡아먹은 후 알을 하나씩 깨어 먹었을 것이라고 아버지는 말하면서, 구렁이는 꿩이나 새들이 낳은 알을 잘 훔치거나 빼앗아서 먹는 녀석이라고도 했다.

범행이 시작되자마자 아버지에게 발각되어버린 구렁이는 당황한 나머지 꿩을 완전하게 죽일 수가 없었고, 구렁이가 예상하지도 못했던 아버지의 공격에 저항하다가 결국은 도망치기 위해 꿩의 몸을 감고 있던 똬리를 풀고 도망치려는 순간에 아버지가 내려친 작대기질에 정통으로 맞고 뻗어버린 것이라고 아버지는 자랑하듯이 설명해 주었다.

불과 이삼 분 만에 끝난 전투에서 아버지가 승리했기 때문에 위기의 꿩이 구출될 수 있었던 것이었다.

꿩의 가족에게는 불행 중 천만다행이었다.

흉악스러운 구렁이와 싸우던 모습을 보고서야 아버지가 참으로 용기 있고 정의로운 아버지라는 것을 처음으로 알게 되었다.

나와 아버지는 위기에 처한 꿩의 가족을 구해 주었다는 마음으로 마치 개선장군이라도 된 기분으로 집에 돌아왔다.

하지만 어머니의 마음은 우리와는 정반대인 것 같았다. 어머니는 집으로 돌아오는 길에 단 한마디도 없었던 것을 보면, 어머니의 마음이 어떠했는지 짐작이 갔다.

그날 밤은 잠도 오지 않았고, 너무도 긴 밤이었다.
끔찍한 현장이 꿈에 나타날까 봐, 나는 잠을 자지 않기로 했다.

어미 꿩이 돌아왔다

다음 날 아침 일찍 일어나자마자, 나는 그 끔찍했던 현장을 찾아가겠다고 간밤에 마음을 먹었다. 불쌍한 꿩 가족이 궁금해서였다.

일어나자마자 마당에 나가 보니, 아침부터 햇살이 제법 따가울 정도로 강렬했다. 나는 아버지가 쓰시던 밀짚모자를 쓰고, 긴 작대기를 한쪽 어깨에 멘 채 보리밭 둑을 따라서 갔다. 가까이 다가가서는 발자국 소리도 내지 않고 접근해 갔다. 접근하자마자, 이슬이 맺혀 있는 보리이삭 위로 살며시 고개만 빼꼼히

처들어 현장을 슬쩍 넘겨보았다.

그런데 나는 내 눈을 의심하고 다시 쳐다보았다. 어머니의 생각대로 틀림없이 어미 꿩이 돌아온 것이었다. 어머니는 역시 점쟁이 같았다. 어미 꿩이 돌아와서 알들을 다시 품고 있었다.

나는 기뻐서 젖 먹던 힘을 다해 주먹을 꽉 쥐며, 소리 없는 환호성을 외쳤다. 다시 한번 더 확인하고 싶은 유혹에 남의 집 염탐하듯이, 보리 숲을 살짝 제치고 쳐다보다가 어미 꿩과 나는 눈이 마주쳤다.

어미 꿩은 잔뜩 긴장하고 나를 경계하는 눈초리였다. 나는 어미 꿩이 돌아와서 알을 품고 있는 것을 내 눈으로 확인한 이상, 그곳에 더 머무를 필요가 없었다. 내가 어미 꿩 곁에서 지켜주는 것보다, 그곳을 떠나주는 것이 어미 꿩의 마음을 편하게 할 것 같았다.

나와 눈이 마주친 어미 꿩의 눈에는 아직도 어제처럼 눈물이 글썽거리는 것 같이 보였다. 끔찍하게 무서운 경험을 했기 때문에 어미 꿩의 경계하는 눈빛은 더욱 강해 보이기도 했다.

정신없이 어머니에게 달려가서, 어미 꿩이 돌아와서 알을 다시 품고 있다는 기쁜 소식을 전해드렸다. 어머니는 퉁명스러운 목소리로 "거길? 왜 갔어?"라고 질책하는 듯이 짧게 잘라 말했다. 어머니는 안 가 봤어도 잘 알고 있다는 표정이었다. 내가 그곳에 간 것이 아주 잘못된 일이라는 어투로 그렇게 짧게 말을 하신 것이었다.

나는 순간적으로 당황했다. 어머니도 좋아할 줄 알고, 그 기쁜 소식을 전해 드렸는데, 너무 뜻밖의 반응이었다.

어머니는 어미 꿩이 자신의 새끼인 알을 버리고 가버리지는 않을 거라고 확신했던 것 같았다.

어미 꿩은 알을 품다가 동물이나 사람에게 발각되면, 다른 곳에 새로 둥지를 틀고 발가락으로 알을 옮겨놓고 알을 품어서 새끼를 까기도 한다고 말씀하시는 것을 보면, 어머니는 어미 꿩이 새끼들을 사랑하는 마음이 어느 정도 강한지 잘 알고 있었던 것 같았다.

어머니는 어미 꿩이 어제 그 무서운 구렁이에게 놀랐는데, 오늘 내가 가서 또 얼마나 놀랐겠느냐며, 새끼 꿩들이 아무 탈 없이 잘 태어날 때까지 더 이상은 절대로 가지 말라고 하셨다.

나도 그렇게 하는 것이 좋겠다고 생각했지만, 또 다른 구렁이
가 쳐들어가서 어제처럼 해칠까 봐 걱정도 되었다.

잠시 후 어머니는 착한 내 마음을 알고 있다는 듯이 내 어깨
를 몇 번 토닥거려 주셨다. 나는 새끼 꿩들이 태어날 때까지 꿩
의 가족에게 가지 않겠다고 어머니와 약속을 했다.

매일매일 새끼 꿩들이 태어나기만을 기다리고 기다렸을 뿐
이었다.

새끼 꿩들이 태어났다

그렇게 며칠이 지난 어느 날 점심을 먹고 난 후 집 뒷마당에
있는 호두나무 밑에서 밀짚으로 만든 멍석을 펼쳐놓고, 누워
놀고 있는데, 어머니는 나에게 "야! 가보자!"라고 하셨다.

나는 직감적으로 꿩 가족에게 가보자는 말로 알아듣고 신발
을 신고 어머니를 따라갔다. 내가 앞서서 가고 어머니는 뒤따라
왔다.

어머니는 낮고 짧은 목소리로 나를 불러 세웠다. 나는 대답

하지 않고 고개만 돌려 끄떡하며 알았다고 답장신호를 보냈다.

어머니는 꿩 가족에게 방해가 될까 봐, 조심하라는 손짓을 하셨다. 나도 손을 들어서 알았다고 신호를 보냈다.

뭔가 기분 좋은 일이 생겼을 것이라는 예감이 들어 발걸음이 가벼웠다.

가까이 도착하자마자, 나랑 어머니는 동시에 보리이삭 너머로 고개를 들어 꿩의 가족을 살펴보았다. 병아리보다도 더 작은 새끼들이 어미 곁에 모여 있었다.

새끼들은 어미 꿩 품으로 기어들어 가려고 했으나, 가냘픈 어미 꿩 품에 다 들어가지 못하고, 몇 녀석은 여전히 어미 꿩 곁에 서성거렸다.

"다 깨고 나왔구나!"라는 어머니의 목소리가 가늘게 들렸다. 나는 새끼들이 귀여워서 좋아 죽을 뻔했다. 얼른 만져 보고 싶을 정도로 귀여웠다.

어미 꿩이 겪었던 끔찍한 경험을 전혀 모르고 있는 것처럼, 새끼들은 너무도 평화로워 보였다. 하지만 어미 꿩만은 그날도 경계를 늦추지 않았고, 서둘러 새끼들과 함께 그곳을 탈출하려는 눈빛이 역력했다.

갑자기 새끼들이 일제히 어미 품에서 나오더니, 어미를 따라서 보리밭 사이골로 흩어져 버렸다.

어미가 새끼들에게 무슨 신호를 보낸 것 같았다.

나는 귀여운 새끼 한 마리를 붙잡아서 집에 데려다 놓고 키우고 싶었다.

새끼 꿩을 붙잡으려고 꿩 가족이 도망가던 보리밭 사이골로 쫓아서 갔다. 하지만 잠깐 사이에 다들 어디로 가서 숨었는지 찾을 수가 없었다.

빈손으로 돌아온 나를 쳐다보시더니 어머니는 다행스럽다는 듯이 "새끼들은 아직 어려서 어미하고 같이 살아야 하는 거야."라고 하셨다. 내가 데리고 가봤자, 집에서는 키울 수도 없다고 했다. 꿩은 높은 산이나 넓은 들에서 살아야지, 좁은 새집 같은 데에서는 살 수 없는 새라고 했다.

꿩 가족은 죽을 때까지 우리에게 고마워할 것이라며, 새끼 한 마리도 잡지 못한 내 마음을 위로해 주셨다.

어머니는 새끼 꿩들이 태어난 보금자리이자, 끔찍한 현장이었던 꿩의 집을 손으로 어루만지시더니,

"불쌍한 것들아! 맘껏 날아다니면서 행복하게 살아라!" 하시면서, 끔찍한 현장을 목격했던 그날처럼 눈물을 훔치셨다.

나는 "새끼들이 다 잘 태어나서 어미 꿩하고 잘 가버렸는데, 왜 또 울어?" 하고 묻자 어머니는 "그때 우리 아니었다면, 어미 꿩도 알도 그 험악한 구렁이가 다 잡아먹었을 거야. 조금 전 그 새끼 꿩들도 이 세상에 태어나지 못했겠지. 그 무섭고 험악한 고비 다 넘기고, 새끼를 까서 새끼들을 데리고 가는 어미 꿩 봤잖아. 이 세상 에미들은 동물이나 사람이나 할 것 없이 다 그렇게 살지.

얘야!

네가 지난번에 어미 꿩을 손으로 들어 봤잖아. 살점이라고는 한 점도 없이 삐쩍 마른 그런 몸으로 새끼들을 까서 데리고 간 거야. 이 세상 에미들이 얼마나 장하냐?"라고 하셨다.

나오려는 눈물을 억지로 참으려고 눈에 힘을 너무 주었더니 눈이 아팠다.

"그 새끼 꿩들이 어미 꿩의 은혜를 알겠지."라고 말하자, 어머니는 내 말이 떨어지기도 전에 "알긴 뭘 알겠어, 알면 참 다행이지."라며 쓴웃음을 지으셨다.

나는 어머니의 비웃음 섞인 그 쓴웃음을 이해할 수가 없었다. 세월이 지나면서 어머니의 그 쓴웃음의 의미를 조금씩 알수 있을 것 같았다.

하지만 그때는 그 쓴웃음의 의미를 전혀 알 수가 없었다.

그건 내가 너무 어렸었기 때문이라는 핑계도 댈 수 있었겠지만, 가장 중요한 이유는 어머니의 영혼과 나의 영혼이 완전히 달랐기 때문이었다.

그래서 내가 새끼들을 잡으려고 웃으며 달려갔을 때도 어머니는 철없던 내가 어린 새끼 한 마리라도 잡아 올까 봐, 더 가슴 졸이며 눈물을 훔치셨던 것 같았다.

그 후 어린 시절 가끔 산과 들에서 꿩들이 즐겁게 놀고 있는 것을 보거나, 산이 갈라질 듯이 강하게 울려오는 꿩의 울음소리를 들을 때면, 그때 거의 죽을 고비를 간신히 넘기고 살아서

우리 곁을 떠났던, 그 녀석들이 우리 덕분에 잘 살고 있다는 소
식을 전해주는 것 같아서 기분이 좋았었다.
그럴 때마다 어린 그 시절 내 영혼은 춤추는 듯이 기뻤었다.

제3장

물고기와 백로의 아침

백로 부부가
우리 집 앞 개울물에 찾아와서
맛있는 아침식사를 즐기며,
어린 내 친구가 되어준 날은
하루 종일 기분이 날아갈 듯이 상쾌했고,
깊은 밤의 잠자리까지 평온했었다.

어린 물고기들이 나를 기쁘게 했다

낮은 산자락에 자리 잡고 있던 우리 집은 마을 한가운데에서 좀 떨어진 외딴집이었다.

집 앞의 개울은 조그마했지만 제법 물이 많이 흘렀었고 미꾸라지, 붕어, 송사리 등 여러 종류의 작은 물고기들이 떼를 지어 살고 있었다. 이처럼 우리 집은 공기도 맑고 물이 깨끗해서 살기 좋았던 곳이었다.

아침 햇살이 비칠 때면, 새끼 붕어와 송사리들은 무지갯빛을 내며 돌멩이 사이로 흐르는 물속에서 비늘을 반짝이며 놀곤 했다.

그 녀석들은 내가 보기에는 줄 맞춰 헤엄을 치면서, 앞으로

가, 뒤로돌아가 등 군인들처럼 훈련하는 것같이 보였다.

귀여운 어린 물고기 수백 마리 중 한 녀석도 이탈되거나 낙오되지 않았다. 마치 대장 물고기의 구령에 맞추어 열병 훈련을 하고 있는 것처럼 보이기도 했다. 최고의 경지에 오른 수중 묘기를 보는 것처럼 신기해 보였다.

그 물고기 녀석들 중에서 누가 대장인지 찾아보려고 자세히 살펴보았다. 하지만 허리를 구부린 채 눈이 빠져나갈 정도로 집중해서 관찰했음에도 아무 소득은 없고, 허리만 끊어질 듯이 아팠다.

나를 한동안 약 올린 물고기 녀석들이 얄밉기만 했었다. 하지만 다시 생각해 보면, 그긴 그 귀여운 녀석들이 날 힘들고 아프게 한 것이 아니었다.

내가 스스로 자초한 일의 결과였다. 오히려 내가 그 녀석들이 재미있게 놀고 훈련하는 장소에 가서 방해한 것 같아서 미안하기도 했다.

어린 물고기 녀석들 중에 대장을 찾아내기란 내 실력으로는 도저히 불가능할 정도로 어려웠다. 몸집은 같아 보이고 몸놀림은 너무나도 정교하였다. 또, 수십 마리 녀석들이 아주 순식간에 일제히 같은 방향으로 움직이기 때문에 대장 녀석의 위치가 쉽게 구별되지도 않았다.

그 녀석들 중에 누가 대장인지 반드시 찾아내겠다고, 오기가 섞인 결심을 하고는 엉덩이를 받치고 앉을 만한 적당한 크기의 돌멩이를 물가에다 굴려서 갖다 놓았다.

며칠이 걸리더라도 그 녀석들 중에서 대장을 찾아내고 말겠다는 욕심으로 그 돌멩이 위에 앉아서 숨을 죽이고 관찰을 시작했다.

몇 시간을 쪼그리고 앉아서 관찰한 결과, 내 나름대로 생각한 대장 녀석을 찾았다. 그 녀석은 맨 앞줄 가운데에 있었으며, 찰나의 순간에 먼저 몸을 움직이면서 다른 녀석들을 지휘하고 있는 것처럼 보였다.

그 녀석이 대장일 거라고 생각하며 관찰을 해 보니, 대장처럼 행동하고 있다는 확신을 갖게 되었다. 무언가 몸짓이 달라

보였기 때문이었다.

　한 가지 아쉬운 것은 그 녀석들만이 알아들을 수 있는 대화를 내가 알아듣지 못하고 있다는 사실이었다. 그 녀석들을 기준으로 나를 보면, 나는 틀림없는 벙어리요, 귀머거리였다.

　나는 위, 아래옷을 모두 흠뻑 적셔서, 물에 젖은 생쥐 꼴이 되었다. 내가 보기에도 어이없는 웃음이 나왔다.

　집에 돌아오자마자, 옷을 다 버렸다고 어머니께 꾸중을 엄청나게 들었지만, 나에게 순수한 호기심을 갖도록 해준 그 귀여운 물고기 녀석들 덕분에 그날 아침은 행복했었다.

죽은 물고기들이 불쌍했다

　어느 날은 점심을 먹고서 심심하기에 나와 동생은 어머니께서 콩, 보리와 같은 곡식에 섞여 있던 모래나 흙을 거를 때 사용하셨던 얼맹이와 물동이를 가지고 개울로 나가서, 그 물고기 녀석들을 잡기도 했었다. 내 손가락보다도 작은 크기의 귀여운 새끼붕어, 송사리 등을 주로 잡았다.

　우리 형제는 요리해 먹기 위해서 물고기를 잡은 경우도 있었지만, 대부분은 그저 집에서 키워 보겠다는 호기심에서 잡았고, 잡은 물고기들을 세숫대야나 물동이 등에 기르는 것, 그 자체를 재미있어 했다.

　물고기를 키우는 것에 대한 별 지식이 없었던 나는 물동이에 물을 반쯤 넣고, 잡아 온 물고기를 함께 넣어 두었다.

　다음 날, 이른 아침에 어머니께서 누군가를 야단치는 것 같은

목소리가 들렸다. 어머니의 목소리 중에 "살리지도 못하면서, 왜 잡아 왔어!"라는 목소리가 나의 귀에 또렷이 들려 왔다. 불길한 느낌이 번갯불이 스치고 지나가듯이 머리끝을 스쳐 지나갔다.

일어나자마자, 방문을 열고 맨발로 물동이 쪽으로 달려가서 어제 잡아온, 그 귀염둥이 물고기들의 상태를 살펴보았다.

그런데 맙소사!

징그러운 미꾸라지만 살아 있었고, 귀여운 새끼붕어와 송사리들은 모두 죽어서 물 위에 뜬 채 옆으로 누워 있었다.

그 녀석들이 너무도 불쌍했다. 그 녀석들을 잡아와 죽게 한 것이 후회가 되었다.

어머니는 제 집에서 잘 살고 있는 녀석들을 왜 잡아다가 죽이느냐며 호통을 치셨다.

나는 "잘못을 저질렀으니, 혼나도 싸다."라고 생각하며 혼났고, 내 잘못을 크게 뉘우쳤다. 그러나 아무리 뉘우쳐도 죽은 녀석들에 대한 미안한 마음이 전혀 가시지 않아 괴로웠다. 죽은 녀석들을 잊으려고 하면, 오히려 점점 더 미안한 마음이 내 마음속 깊이 파고들었고, 내 영혼까지 더욱 혼란스러워지는 것 같았다.

내가 잡아 오지 않았더라면, 그 녀석들은 깨끗한 물이 흐르는 개울에서 맘대로 헤엄치며 가족, 친구 물고기들과 재미있게 놀면서 살아갔을 것이다. 생각하면 생각할수록 죄스러운 마음이 한층 더해져 갔다.

어머니가 꾸중조로 하신 말씀처럼, 그 녀석들을 잘 키우지도 못하면서 잡아 온 것이 후회가 되어, 나도 모르게 눈물이 핑 돌았다.

다시 물고기 비린내가 진동하는 물동이 안을 들여다보니, 심술 맞게 긴 수염이 주둥이 양쪽에 나 있는 징그러운 미꾸라지들이 자기들끼리 싸우는지 물이 밖으로 튈 정도로 요란하게 뛰고 있었다.

그 모습을 보는 순간, 왜 귀여운 새끼붕어와 송사리들이 모조리 죽었는지 알 수 있었다. 밤새도록 좁은 물동이 속에서 힘이 센 미꾸라지들의 몸부림에 못 견디고, 힘없는 그 녀석들만 죽어버린 거라고 생각했다.

그 후 얄미운 미꾸라지가 그물이나 얼맹이 속에 잡히면, 기분이 나쁘고 징그러워서, 그 자리에서 흐르는 개울물에 쏟아 버렸다.

내가 개울물에 미운 미꾸라지 녀석들을 버릴 때마다, 그 녀석들은 "나 살려라!" 하는 식으로 잽싸게 물길을 따라서 도망쳐 사라졌다.

백로의 솜씨가 부러웠다

어제 잡아 온 귀여운 새끼붕어, 송사리 녀석들이 불쌍하게 죽어 있는 모습을 보고 나니, 아침부터 기분이 상해서 바깥마당에 허전한 마음으로 서 있는데, 커다란 미루나무 사이로 영롱한 무지개와 함께 햇살이 내 얼굴에 비치기 시작했다.

맑고 시원한 아침 바람도 나의 속상한 마음을 알고 있었다는 듯이, 내 얼굴을 어루만져 달래주고 스쳐 지나가는 것 같았다. 내 마음을 알아주고 달래주는 상큼한 아침바람이 그저 고마울 따름이었다.

아침 햇살이 더 오르기 전에 속상한 기분을 씻어내고 싶은 생각에 맑게 흐르는 개울물에 세수나 하려고 갔다. 그런데 어디서 왔는지 모를 백로 두 녀석이 날아와 아침 햇살에 은박지처럼 반짝이며 흐르는 개울물 속의 작은 돌멩이 위에 서 있었다.

두 백로는 서로 바라보며 자기들만이 알 수 있는 말로 대화를 나누는 것 같았다. 가끔 스치는 바람에 하얀 깃털이 살짝살짝 날리면, 더 멋져 보이는 완전 백발의 백로였다.

그 녀석들은 개울물 위에 낮게 솟은 돌멩이에 올라선 채로 흐르는 개울물 속을 뚫어지게 보고 있다가 긴 부리를 물속에 잽싸게 처박아서 물고기를 잡아 아침 식사를 즐겼다.

백로들은 내가 가까이 다가갈 때, 처음에는 경계하는 몸짓으로 날개를 몇 번씩 들추며 날아가 버릴 듯이 긴장을 하다가, 내가 자신들을 해치지 않을 거라는 확신이 섰는지, 더는 나를 의식하지 않는 것 같았다. 자신들을 해치지 않을 거라고 나를 믿어준 그 녀석들이 고마웠다.

때로는 자신들을 바라보고 있던 나에게 큰 미꾸라지를 잡았다고 자랑이라도 하듯이 꿈틀거리는 미꾸라지를 물고 있던 긴 부리를 위로 높이 쳐들어 보여 주었다.

마치 물고기 잡는 묘기를 부리는 것처럼 노련한 솜씨를 보여 주는 그 녀석들이 멋져 보였다. 내가 두 손으로 잡으려 해도 한 마리도 잡히지 않고 나만 물속에서 수없이 엉덩방아 찧고 뒹굴게 했던 그 물고기들을, 백로들은 별로 힘도 들이지 않고 긴 부리로만 쉽게 잡는 것이 몹시 신기해 보였다.

긴 부리로 잡은 큰 미꾸라지를 길고 가느다란 목으로 꿀꺽 넘기면, 미꾸라지의 몸부림으로 백로의 긴 모가지가 꾸불거리는 것을 볼 수 있었다.

그 백로 녀석들은 그렇게 묘기를 부리는 것 같은 아침식사 과정을 서너 번씩 즐기고 나면, 나에게 아침 식사를 잘했다고 인사라도 하듯이 나를 한참 쳐다보다가 가느다란 두 다리로 개울물을 딛고 살짝 점프하여 은방울 같은 물방울을 공중에 흩날리며 떠올라, 가느다란 두 다리를 모아서 뒤로 가볍게 펴고 사이좋게 어디론가 훌쩍 날아가 버렸다.

백로 녀석들이 날 즐겁게 해주었다

그 다음 날부터는 이른 아침 개울가로 나갈 때마다 늘 나보다 먼저 날아와 있었던 그 백로들이 없으면, 혹시 그 녀석들에게 무슨 안 좋은 일이 생기지는 않았는지 안부가 궁금했고, 기다려지곤 했었다.

그 녀석들은 비가 올 때도 거의 빠지지 않고, 우리 집 앞 개울물에 날아와서 놀고 있던 물고기를 잡아서 아침식사 시간을 즐기며, 어린 내 친구가 되어 주었기 때문이었다.

그 녀석들도 내가 아무 일 없이 잘 지내고 있는지 아침마다 찾아와서 확인하고 가는 것 같아서 기분이 좋았다. 그래서 그 녀석들이 고마웠고 더 기다려졌다.

햇살이 엉덩이 위로 차오를 때까지 내가 잠을 자고 있으면, 늘 아버지와 어머니는 "아침 해가 엉덩이를 치받겠어!"라고 꾸짖으면서 깨워주셨다.

그런 날 아침은 일어나자마자 허겁지겁 서둘러서 개울가로 달려 나갔다. 그럼에도 그 녀석들은 아침식사를 마친 후, 더는 나를 기다려주지 않았다.

아침식사가 끝나면, 개울물에 입을 닦고 개울물을 발로 살짝 걷어차서 영롱하게 빛나는 물방울을 공중에 튀기며 떠올라, 언제나처럼 가볍게 날개를 저으면서 날아가 버렸다.

그 녀석들은 자신들과 함께 놀고 싶으면, 아침 해가 엉덩이를 치받을 때까지 게으름을 피우지 말고, 일찍 일어나서 나오라고 나를 꾸짖는 듯이, 뒤도 한 번 돌아보지 않고 날아만 갔다.

나는 '게으름을 피워서 미안하다.' 그리고 '내일 아침에는 반드시 내가 먼저 나와서 기다리겠다.'라는 마음으로 손을 흔들어

주었다.

　그 백로 녀석들이 게으른 날 쳐다보지도 않고 날아가는 뒷모습을 보면서 순간적으로는 서운하기도 했지만, 화목하게 보이는 백로들이 아무 탈 없이 살아 있는 것을 확인했다는 것만으로도 마음이 놓이고 기분이 좋았었다.

　나는 그 녀석들이 사이좋은 부부일 거라고 생각했다.

　항상 함께 개울물에 와서 흐르는 물에 긴 부리를 담그며 세수하고, 물속에서 놀고 있던 물고기를 잡아서 아침식사를 한 후, 어디엔가 있을 자신들의 집으로 함께 날아갔기 때문이다.

한 녀석은 조금 크고 한 녀석은 작았는데, 좀 더 큰 녀석이 수컷이라고 생각했다. 날아갈 때는 작은 녀석을 앞세우고, 큰 녀석은 10미터쯤 뒤따라갔는데 이런 모습은 어린 내가 보기에도 큰 녀석이 항상 작은 녀석의 보호자가 되어, 보호를 해주는 것처럼 보였다.

그 백로 부부가 우리 집 앞 개울물에 찾아와서 맛있는 아침식사를 즐기며, 어린 내 친구가 되어준 날은 하루 종일 기분이 날아갈 듯이 상쾌했고, 깊은 밤의 잠자리까지 평온했다.

어린 시절 아침마다 나를 즐겁게 해준 백로 한 쌍을 만났던 그날들은 하루 종일 평화로운 기운으로 가득 차서 마음이 편안했었다.

제4장

불구가 된 매미

어린 시절을 지내오는 동안,
"상대방의 입장을 모르면,
도와준다는 것이
오히려 해치는 결과를
가져올 수도 있는 거야!"라고 하시는
그날 어머니의 말씀은
항상 나의 생각과 행동의
길잡이가 되어주었다.

매미가 불구로 태어나게 하다

어느 날 초여름 어머니와 나는 점심을 먹고 난 후, 바깥마당 한쪽에 서 있는 호두나무 그늘에 밀짚으로 엮어서 만든 넓은 멍석을 깔아 놓고, 나란히 누워서 쉬고 있었다.

어머니는 무언가 발견한 것처럼 갑자기 일어나 앉아서 호기심에 찬 표정으로 나를 슬쩍 쳐다보시더니, 호두나무 옆으로 가까이 다가가셨다. 나도 무슨 일인가 호기심에 일어서서 어머니를 뒤따라가 보았다.

마른 매미껍데기가 호두나무 껍질에 붙어 있었다.

자세히 매미껍데기 속을 들여다보니, 매미껍데기 속에서 무언가가 꿈틀거리는 것 같았다.

　내가 두 손가락으로 만져보려고 하자, 어머니는 "야! 그냥 두
어!"라고 하시며, 밀짚 멍석으로 가서 아까처럼 누워서 쉬셨다.
　어머니가 쳐다보지 않는 사이에 몰래 손가락으로 살짝 건드
려서 떼어보니, 매미가 그 껍질에서 나오려고 있는 힘을 다하
여 몸부림치고 있는 것처럼 보였다.
　어린 내가 보기에는 매미가 몸뚱이의 크기에 비해서 터무니
없이 작게 찢긴 껍질을 뚫고 나오기 위해서 몸부림치는 모습이
너무 안타까웠다. 잠시 더 지켜보고 있었더니, 내가 빨리 도와
주지 않으면, 매미는 곧 질식하거나 지쳐서 죽어 버릴 것만 같
았다.
　나는 매미의 생명이 너무도 위급하다고 판단한 나머지 매미
의사가 아니면서도, 맨 손가락으로 껍질의 찢긴 곳을 조금 더
찢어서 매미가 쉽게 나올 수 있도록 도와주었다. 매미는 나의
긴박한 도움 덕분에 구사일생으로 껍질을 벗고 세상 밖으로
태어났다. 갓 태어난 매미는 작은 발가락만 까칠까칠할 뿐, 몸

통과 날개 등 모든 부위가 너무도 부드럽고 귀여웠다.

난 갓 태어난 귀여운 매미를 손바닥에 올려놓고 있다가 어머니에게로 가서 구경시켜주었다. 어머니는 "이 녀석아! 네가 일을 냈구나!"라고 하시며, 날 쳐다보셨다.

나는 도대체 내가 무슨 일을 냈다는 것인지 도무지 이해가 되지 않았다. 나는 어이가 없다는 듯이, "엄마! 내가 무슨 일을 냈다는 거야?"라고 물었다. 어머니는 "아, 아니야."라고 짧게 대답하시며, 어서 매미가 날아가고 싶은 곳으로 맘대로 날아가도록 날려주라고 하셨다.

나는 어머니가 시키는 대로 손바닥 위로 살짝 던져서 날려주었다. 그런데 이게 웬일인가?

날아야 할 매미가 날갯짓 한 번 하지 못하고, 내 맨발가락 위로 곤두박질치듯이 툭 떨어져 뒹굴더니, 조금씩 기어서 다니고 있었다.

태어나는 매미에게 엉터리 수술을 하다

너무 놀랍고 이상해서 갓 태어난 매미를 자세히 관찰해 보았다. 그 매미는 다른 매미와는 다르게 날개에 힘이 전혀 없었다.

다른 매미의 날개는 빳빳하게 힘이 들어가 있고, 날지 않을 때는 날개가 몸에 바짝 붙어 있었는데, 날지 못하던 그 매미의 날개는 힘없이 부드럽고 양쪽 옆구리에 날개가 축 늘어져 있었다.

무언가 불길한 예감이 들었다. 날지 못하는 불구 매미가 불쌍하게 여겨졌다. 불구가 된 매미를 손바닥에 올려놓은 채로 어머니에게로 가서 다시 또 보여 주었다.

어머니는 매미를 어머니 손바닥에 올려놓고 유심히 살피시더니, "네가 얘를 이렇게 병신으로 만들어 놓았어!" 하시면서, 내 얼굴을 쳐다보셨다.

나는 어머니의 말을 전혀 이해할 수가 없었다. 내가 그 매미를 그렇게 병신으로 만들어 놓았다는 어머니의 말에 동의할 수가 없었다. 나는 결코 매미에게 어떠한 해코지도 하지 않았다

고 생각했기 때문이었다.

내가 억울하다는 표정으로 어머니를 바라보자, 어머니는 그 매미가 그렇게 온전치 못하게 태어난 이유를 설명해 주시겠다는 듯이 나를 불러서 앞에 앉혀 놓으셨다. 어머니의 설명은 이랬다.

"매미는 자기 혼자서 스스로의 힘으로 껍질을 벗고 세상 밖으로 나와야지, 다른 누구의 도움으로 쉽게 세상 밖으로 나오면, 병신으로 태어나 날지 못하는 거야!"라고 하시는 것이었다.

어머니의 그 말도 도무지 이해가 되지 않아서, 기다렸다는 듯이 "엄마! 그건 왜 그래?" 하고 그 이유를 물어보았다.

어머니는 내 물음에 답하시기 전에 '너도 매미를 불구로 만들려고 한 것은 아니었을 거'라고 하시면서, "매미는 자신이 속에서 자라 온 껍질을 벗고 나올 때, 죽을힘을 다하여 힘들게 몸부림을 쳐대야, 몸속에서 반짝거리는 하얀 풀물(분비물)이 나오게 되는 거야. 그 풀물이 힘없고 부드러운 얇은 날개에 골고루 발라져야 날개에 풀칠이 되고, 그 날개에 풀칠이 제대로 된 후에 매미가 껍질을 열고 나오면서 풀칠 된 날개가 바람에 마르면, 날개가 빳빳하게 만들어져서 날 수 있게 되는 거야."라고 조용조용 타이르듯이 설명해 주셨다.

어머니의 설명을 들으니, 힘들게 껍질을 벗으려고 용쓰는 매미를 보고 안쓰러워서 매미가 쉽게 밖으로 나올 수 있도록 매미의 껍질을 내가 손가락으로 조금 더 찢어 주었던 것이 매미의 불행의 원인이 되었다는 걸 조금씩 알 수 있었다.

매미가 죽는 힘을 다해서 껍질을 벗고 나오려고 용쓰고 있던, 그 순간이 바로 날개에 풀칠을 하고 있었던 순간이었다.

그 매미에게는 전혀 필요하지도 않았고, 오히려 방해되었던 나의 도움 탓에 부드러운 날개에 풀칠하여 날개를 빳빳하게 해야 하는 중요한 과정을 거치지 않았다는 것이었다.

내가 안쓰러운 매미를 생각해서 껍질을 좀 더 찢어 놓은 것이 날지 못하는 불구 매미로 태어나는 원인이 되었다는 것이다.

어머니는 내가 잘 이해하지 못한 것으로 생각하고, 어머니가 아버지 옷을 빨아서 빨랫줄에 널어 잘 말린 후에 다시 풀물을 쑤어서 세숫대야에 담아두고, 그 풀물에 잘 말린 옷을 넣고 손으로 주물럭주물럭한 후, 다시 탁탁 소리 나게 털어서 빨랫줄에 걸어 말리면, 아버지 옷이 빳빳해졌던 것을 설명하시면서, 나의 이해를 도와주고자 하셨다.

나는 부드러운 아버지의 삼베옷을 어머니가 풀칠해서 바람에 말리면 빳빳해졌던 것을 여러 번 보아 왔기 때문에 쉽게 이해할 수 있었다. 이해하면 할수록 나의 실수가 너무도 컸었다는 것을 실감하게 되었다.

나는 그 불구가 되어버린 매미에게 미안했고 후회가 되었다.

매미가 도와 달라고 하지도 않았는데, 매미의 입장을 제대로 알지도 못하면서, 또 매미의 의사도 아니면서 엉터리로 도와주었던 것이 뼈저리게 후회가 되었다. 나는 나의 엉터리 의술 때문에 불구가 되어버린 매미에게서 눈을 떼지 못하고 안쓰럽게 지켜볼 수밖에 없었다.

어머니는 그런 내 모습을 보고, "네가 일부러 그렇게 한 것이 아니잖아."라고 하시며, "너무 속상해하지 마!"라고 하셨다. 어머니는 어쨌든 내가 매미를 도와주려고 한 것이지, 결코 해치려고 한 것이 아니었을 거라고 말씀해 주시며, 날 위로해 주셨다. 그래도 그 매미에게 죄스럽고, 매미가 불쌍하게 여겨져서 눈을 뗄 수가 없었다.

매미의 일생을 망쳐버리게 되었다

어머니는 모든 생명체는 모름지기 자신의 힘으로 태어나야 온전하게 살아갈 수 있다고 하셨다. 모든 생명체는 스스로 죽을 힘을 다하여 태어나기 때문에 세상에 나오자마자 기쁨에 찬 울음소리를 낸다고 하셨다.

그러면서 "너도 네 힘으로 태어났기 때문에 온전하게 태어났다." 고 말씀하셨다. 그 말씀을 듣는 순간 잠시 우쭐해지기도 했었다.

아기가 태어날 때, 기쁨에 찬 울음소리를 낸다고 하신 어머니의 말에 나는 세상에 태어나서 기쁜데, 뜬금없이 왜 우느냐고 물었다. 어머니는 사람이 기쁠 때는 웃지만, 너무 많이 기쁠 때는 감격스러워 운다고 하셨다.

나는 아무 생각도 없이, "엄마 말이 맞아! 아기가 태어날 때, 웃으면서 태어나면 징그러울 거야!"라고 무심코 던지듯이 말했다. 어머니는 내 말이 떨어지기가 무섭게 땅바닥에 털썩 주저앉으시며 웃음을 터트리셨다. 내가 왜 갑자기 그렇게 웃느냐고 묻자, 어머니는 계속 터져 나오는 웃음 때문에 말도 하지 못하고, 나를 한참 쳐다보고 있다가 네가 방금 전에 한 말을 생각해 보라는 것이었다.

나는 곰곰이 "아기가 태어날 때 웃으면서 태어나면, 징그러울 거야."라고 한, 그 말을 생각해 보았다. 나도 그 순간 얼마나 웃겼던지, 배꼽이 뒤집어지는 줄 알았다.

내가 웃기 시작하자, 어머니는 나뒹굴듯이 더 배꼽을 쥐고 웃으시더니, 너무 많이 웃으신 나머지 눈물까지 흘리셨다. 나도 눈물이 줄줄 쏟아질 정도로 웃어댔다.

갑자기 어머니는 혼잣말로 중얼거리셨다. 나는 무슨 말인지 들리지 않아서 가까이 다가갔다. "캄캄한 땅속에서 수년을 기다렸는데, 헛수고였구나! 헛수고였어!"라고 하며, 한숨을 지으셨다.

"엄마! 뭐가 또 헛수고였다는 거야?" 하고, 조르듯이 물어보았다. 그때 어머니가 들려준 매미의 일생에 관한 이야기는 내 어린 마음을 미어지도록 아프게 했었다.

나의 엉터리 의술 때문에 불구가 되어버려서, 날지 못하는 그 매미는 땅속에서 오륙 년 이상이나 살았다는 것이었다.

매미가 되어 마음껏 노래 부르며, 날고 싶은 꿈을 꾸며 땅속에서 오륙 년 이상을 살면서 기다려 왔는데, 나의 잘못된 도움 때문에 온전치 못하게 태어나서 한번 날아보지도 못하게 되어버린 것이었다. 노래도 불러보지 못하고, 비참하게 죽어 버리게 되었다는 것이었다.

매미가 땅속에서 살 때의 이름은 굼벵이라고 하셨다.

"굼벵이는 징그러워서 사람들이 손으로 만지는 것조차도 꺼
릴 정도로 싫어하잖아!"라고 하시면서, 오직 밝은 세상에 다시
태어나면 마음대로 노래 부르고 하늘을 날 수 있을 거라는 희
망 하나로 살아왔었을 거라고 하셨다.

오륙 년 동안 어두운 땅속에서 모든 괴로움과 서러움을 다 참
아 내고, 밝은 세상에 다시 태어나는 그 순간 내 실수로 노래는
커녕, 날지도 못하는 불구 매미로 태어나게 되었던 것이었다.

징그럽게 느껴졌던 굼벵이가 예쁜 매미로 다시 태어난다는
사실도 나에게는 큰 충격이었다.

어머니의 말씀대로 나의 착한 마음이 오히려 실수가 되어,
한순간에 아무 죄도 없는 매미의 일생을 불행케 한 것이 한없
이 후회스러웠다. 어머니가 들려주시는 매미의 일생에 관한 이
야기가 끝나는 그 순간엔 하늘이 노랗게 보이는 것 같았었다.

나는 여전히 땅바닥에 기어 다니는 불구 매미 곁으로 가서,
두 손가락으로 잡아서 손바닥에 올려놓았다. 그리고 "정말 미안

하다. 내가 잘 지켜 줄게." 하고 약속했다. 매미도 내 마음을 이
해하고 있었다는 듯이, "괜찮다." 하고 대답하는 것처럼 느껴져
서 고마웠다.

풀칠이 되지 않은 부드러운 날개를 쓰다듬어 주고, 호두나무
의 큰 가지 위 넓은 곳에 올려 주었다. 매미는 천천히 나무꼭대
기 쪽을 향해서 기어 올라갔다. 내가 지켜보는 사이에 꽤 많이
올라가 있었다. 매미에게 손을 흔들며 잘 살아달라고 했다.

그 후, 내가 어린 시절을 지내오는 동안, "상대방의 입장을
모르면, 도와준다는 것이 오히려 해치는 결과를 가져올 수도
있는 거야."라고 하시는 그날 어머니의 말씀은 항상 나의 생각
과 행동의 길잡이가 되어주었다.

그해 여름이 다 지나가고, 자신의 힘으로 제대로 태어난 다
른 매미들이 신나게 울어대는 소리가 끝나갈 때까지, 나의 실
수 때문에 날지 못했던, 그 불행한 매미가 문득 내 꿈속에 찾아
와서, 서로 마음을 이해해주는 친구가 되어 주었다.

그때마다 어린 내 마음은 위로가 되었고, 조금씩 더 따뜻하
고 순수해져 갔다.

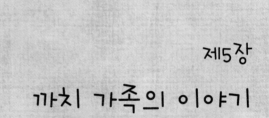

제5장

까치 가족의 이야기

불쌍한 까치 가족들이
그토록 애통하게 울부짖던 울음소리는
어린 시절 동안
내 삶 어디에나 졸졸 따라다니며,
내 영혼이 조금씩 더 따뜻해지고,
순수해지도록 해주었다.

불행한 까치 가족을 만났다

어느 날 이른 아침에 잠에서 깨어나자마자 동네 우물로 가서 두레박으로 시원한 물을 떠올려 실컷 들이마시고, 두 팔을 크게 흔들어 대면서 집으로 돌아오는데, 웬일인지 우리 집 바깥마당에 어머니가 나와 서 계셨다.

나는 어머니를 쳐다본 순간 "엄마! 나 여기 있어!" 하고 소리를 내질렀다.

어머니는 손짓으로만 나를 불렀다.

"엄마! 왜?" 하고 멀리서 소리를 질러 물어보았다.

어머니는 여전히 대답을 하지 않고, 또 손짓으로만 나를 불렀다. 무언가 일이 생긴 것 같은 예감이 들었다.

나는 더 이상 이유를 묻지 않고 달려갔다. 어느 정도 다가가 문득 들려오는 소리를 들으니, 까치들이 요란하게 짖어대는 소리가 들렸다. 더 가까이 가서 자세히 들어보니, 여러 마리의 까치들이 어우러져서 짖어대는 소리였다. 평소에 내가 들어왔던 까치들의 소리와는 전혀 딴판인, 애통하게 울어대는 울음 소리로 들렸다.

어머니는 그 주위에 서서 뭔가를 지켜보고 있는 것 같았다. "엄마! 까치들이 왜 이렇게 울어대는 거야?"라고 묻자, 어머니는 아무 대답도 없이 마당에 있는 뭔가에서 눈을 떼지 않고, 지켜보고 서 있기만 했다.

어머니는 맞은편에 서 있던 나를 쳐다보시더니, 어머니의 뒤쪽으로 와 보라고 손짓했다. 어머니가 하라는 대로 살금살금 어머니 뒤쪽으로 갔다.

어머니 옆에 서서 마당 한가운데 떨어져 있는 물체를 살펴보니, 어찌 된 이유인지는 몰라도 까치 한 마리가 죽은 채로 쓰러져 있었다. "엄마! 까치가 왜 죽었어?"라고 묻자, 어머니도 모르겠다는 듯이 고개만 좌우로 저으셨다.

내가 죽은 까치에게 가까이 접근하려 하자, 까치들은 일제히 열을 올려 더욱 애통하게 울어 댔다.

어머니는 내가 죽은 까치에게 가까이 다가가려 하자, "그냥 놔둬라!" 하며 가까이 다가가는 것을 말리셨다. 어머니는 가족이 죽는다는 것은 다 슬픈 일이라고 하시면서, 불행하게도 죽은 까치는 옆에서 애통하게 울어대는 까치들의 가족일 거라고 하셨다.

나는 어머니의 말을 듣기 전에 이미 죽은 까치의 가족들이 죽은 까치 옆에서 통곡하고 있다고 생각했다.

까치는 설날처럼 즐거울 때만 지저귄다고 생각했던, 어린 내 생각에 잠시 혼란이 생기기 시작했었다.

어머니는 까치 가족들이 죽은 가족을 쳐다보며 애통하게 울고 있는 것이라고 하시더니, 집 안으로 들어가셔서, 삽을 가지고 나오셨다.

어머니가 죽은 까치를 삽에 올려놓으려고 하자, 네 마리의 까치 가족들이 일제히 사납게 울어대며 어머니에게 덤벼들어 죽은 까치를 빼앗으려 했다. 까치들이 어머니를 해칠까 겁이 났다. 어머니는 동작을 멈추고, 잠시 멀찌감치 뒤로 물러서서 계셨다.

까치들은 다시 죽은 까치를 향해 빙 둘러서서 조금 전처럼 온몸으로 울어댔다. 마치 더 이상 울어지지도 않을 정도로 지친 목으로 울음을 쥐어 짜내는 것 같았다.

까치 가족들은 한참을 울어대다가 죽은 까치 곁을 떠나, 집 마당에 서 있는 큰 미루나무 가지에 앉아서 교대로 돌아가면서 울어대고 있었다.

미루나무 가지 사이로 아침햇살이 빗살무늬로 영롱하게 비쳐, 눈이 부셨기 때문에 까치 울음소리만 들릴 뿐, 어디에 앉아 있는지 까치 가족들의 모습은 잘 보이지 않았다.

죽은 까치를 좋은 세상으로 보내 주었다

어느 정도 시간이 지나자 까치 가족의 애절했던 울음소리도 거의 잦아들었다.

어머니가 다시 삽을 들어 죽은 까치를 삽에 담아 치우려고
해도 이번에는 까치 가족이 덤벼들지 않았다. 미루나무 가지
에 앉아서 울어대며, 어머니와 나의 동태만 살펴보고 있는 것
같았다.

까치 가족들도 죽은 까치를 어찌할 수 없다는 듯이 포기한
것처럼 보였다.

어머니는 죽은 까치를 올려놓은 삽을 들고 일어서더니 좋은
세상으로 가서 다시 태어나도록 땅에 묻어주자고 했다.

어머니는 집 뒤에 있는 밭 언덕에 묻어주자고 했다. 나도 그
렇게 하자고 고개만 끄덕였다.

어머니랑 나는 밭둑을 조금 파고, 그 자리에 죽은 까치를 넣
은 후에 먼저 고운 흙으로 덮고, 몇 번 더 옆에 있는 흙을 떠서
덮어주었다.

이른 아침부터 불쌍하게 죽은 까치를 보게 되어 마음이 우울
하고 심란해졌다. 방 안에 들어와서 죽은 까치와 애절하게 울
어대던 그 까치 가족을 생각하며, 잠시 슬픔에 잠겨 있었다.

그런데 집 뒤쪽에서 갑자기 아까처럼 까치들이 울어대는 소리가 또 들려왔다. 호기심에 죽은 까치를 묻어주었던 밭둑 쪽을 향해서 가 보았다.

그 까치 가족들은 죽은 까치를 묻어 준 밭둑에 둘러서서 마당에서처럼 애통하게 울어 대고 있었다. 어머니에게 가서 그 슬픈 소식을 들려주자 우리가 불쌍하게 죽은 까치를 어떻게 할까 봐, 그 까치 가족들이 걱정하며 지켜봤을 거라고 하셨다. 어머니는 우리가 오늘 아침엔 좋은 일을 한 거라고 낮은 목소리로 말씀하셨다.

내가 "죽은 까치 가족들이 너무 불쌍하다."라고 하자 "그 죽은 까치는 틀림없이 좋은 곳으로 갔을 테니, 너무 슬퍼하지 마!"라고 하셨다.

죽은 까치가 더 좋은 세상으로 갔을 거라는 어머니의 말이 도저히 이해가 되지 않았다. 전혀 믿어지지도 않았다.

내가 전혀 이해가 되지 않는다는 반응으로 갸우뚱할 때마다, 어머니는 내가 어려서 잘 모를 거라고 하시면서, 불쌍하게 죽은 까치는 더 좋은 세상으로 갔을 거라고만 하셨다.

불쌍한 까치들이 내 마음을 순수하게 해주었다

나는 처음부터 '까치가 왜 죽었을까?'라는 궁금증이 있었다.

"왜 죽었을까?" 하며, 어머니에게 조용히 다가가 속삭이듯 중얼거렸다. 혼자서 계속 중얼 중얼거리자 어머니는 내가 중얼거리는 말을 들었다는 듯이 자그마한 목소리로 "농약을 먹은 벌레를 잡아먹은 것 같다."고 하셨다.

힘없이 들려주는 어머니의 말씀을 듣고 보니 내가 아침에 일어나자마자 동네우물을 향해서 뛰어갈 때, 우리 집 앞개울 건너에 있는 밭에서 이웃에 사는 친구의 아버지가 하얀 농약 분무기를 등에 지고 농약을 치던 모습이 떠올랐다. 그 모습을 내 눈으로 직접 목격했기 때문에 어머니의 생각이 틀림없이 맞을 것으로 생각했다.

어머니의 생각이 옳다고 생각한 나는 너무 울적해져서 아무 말도 하고 싶지 않았다. 그 불행한 사고의 원인을 차라리 모르고 있는 것이 더 나을 뻔했다고도 생각했다.

어머니는 죽은 까치의 몸에 따뜻한 온기가 남아 있었던 것을 보니, 그날 아침에 일어나서 일찍 벌레를 잡아 아침 식사를 한다는 것이, 그렇게 불행한 일이 되었을 거라고 하시며 "불쌍한 녀석들"이라고 하셨다.

"몸집이 작고 털이 부드러운 것을 보니, 죽은 까치는 어린 까치였는데, 세상에 태어나 얼마 살아보지도 못하고 불쌍하게 죽었다."라고 떨리는 목소리로 간신히 말을 떠듬떠듬 이어 가셨다.

어머니의 말대로라면, 죽은 까치는 엄마, 아빠 까치를 따라서 아침 식사를 하러 나왔다가 잘못된 먹이를 먹고 불행하게도 갑자기 죽은 어린 까치였던 것이었다.

어느새 내 얼굴에는 두 눈에서 나온 눈물이 흐르고 있었다. 어머니도 눈물을 머금은 듯 훌쩍이시며 얼굴을 두 손으로 쓰다듬어 눈물을 훔쳐 내리셨다.

눈물이 흘러내리던, 내 얼굴을 슬쩍 바라보시더니 "행복했던 녀석들에게 날벼락이 떨어진 것이지."라고 말하며, "까치나 사람이나 가족을 잃는다는 것은 똑같이 슬픈 것"이라고 말씀하셨다. 난 어머니 말에 전적으로 공감한다는 표시로 고개를 몇 번 끄덕였다.

어머니와 내가 이야기하는 사이 까치 가족들은 어디론가 날아가 버려서, 그토록 애절하게 들렸던, 까치 가족들의 울음소리도 더는 들리지 않았다.

내가 어렸던 그 시절, 불행한 사고를 당해서 죽은 까치를 묻어주었던 밭둑 쪽으로 갈 일이 있을 때마다 불쌍한 그 까치 가

족이 애통하게 울던 모습들이 떠올라 눈앞에 어른거려서 한참
씩 발걸음이 멈춰졌었다. 어디선가 그 불행한 까치 가족들의
울음소리가 들리는 것만 같았기 때문이었다.

불쌍한 까치 가족이 그토록 애통하게 울부짖던 울음소리는
어린 시절 내 삶 어디에나 졸졸 따라다니며, 내 영혼이 조금씩
더 따뜻해지고 순수해지도록 해주었다.

제6장

엿장수 할아버지가 왔던 날

외할머니가 어머니에게 선물로 주신
사연 깊은 냄비를 마귀의 엿과
바꾸어 먹은 것이
오랫동안 잊히지 않아서 괴로워했지만,
외할머니 냄비에 담긴 그 마음 아픈 추억이
살며시 떠오를 때마다,
어린 내 영혼은
조금씩 따뜻하게 데워져 갔었다.

욕심쟁이 엿장수 할아버지가 왔다

어디에서 사는 할아버지인지는 모르지만, 한 달에 서너 번씩 우리 마을에 단골손님처럼 찾아오는 엿장수 할아버지가 있었다.

엿장수 할아버지는 지게에 직사각형으로 짜인 엿판상자를 지고, 언제나 허름하게 낡아버린 밀짚모자를 쓰고 다녔다. 점심시간이 좀 지나 두세 시쯤 되면, 마을 어귀를 통해서 우리 마을로 들어왔었다.

엿판상자를 열면 넓은 엿의 한쪽 모퉁이가 이미 잘려져 나갔고, 낡은 고무신, 빈 병, 찌그러진 냄비 등 잡동사니가 엿판상자 밑에 깔려 있었던 것을 보면, 이웃 마을에 먼저 다녀오는 것이 틀림없었다.

　엿장수 할아버지의 엿가위 소리가 들리기 시작하면 우리 형제는 맛있는 엿을 먹을 수 있다는 기대감에 기분이 좋아졌고, 엿과 바꿀 수 있는 빈 병, 쓸모가 없는 쇠붙이 따위의 것을 찾느라 바빠졌다.

　엿장수 할아버지가 잠시 머무르는 동안 엿 바꿔 먹을 물건을 찾지 못하면, 맛있는 엿은 맛도 보지 못하고, 엿장수 할아버지는 또 다른 이웃 마을로 훌쩍 떠나버리기 때문이었다.

　그날도 오후 두세 시쯤 되자 늘 그래 왔듯이 엿장수 할아버지는 마을 어귀에 들어서면서부터 엿가위 소리를 흥겹고 요란하게 내며, 엿판을 지게에 진 채 우리 집 쪽으로 걸어 왔다.

　우리 집 바깥마당 한가운데에 지게를 작대기로 받쳐 세워 놓자마자, 주위를 둘러보시더니 "오늘은 왜 아무것도 없느냐?"라고 실망스러워하는 표정으로 물었다.

　동생과 나는 오늘은 엿 바꿔 먹을 것이 아무것도 없다고 하였다.

엿장수 할아버지는 우리 형제가 하는 말을 들은 체도 하지 않고, 직접 우리 집 안으로 들어가서 마루 밑, 부엌, 뒤뜰 여기저기 돌아다니더니, 조금 낡은 냄비 한 개랑 흰색 어른 고무신 두 짝을 들고 나왔다.

우리 형제가 보기에는 멀쩡해 보이는 물건들이었다.

어리둥절해진 동생과 나의 얼굴을 쳐다보더니 "이것만으로도 충분하다."라고 하면서 넓죽한 엿의 모퉁이에서 내 손바닥보다 조금 작게 두 조각을 떼어서, 나와 동생에게 하나씩 나누어 주었다.

나는 엿을 받지 않고, 냄비와 고무신을 돌려달라고 졸랐다.

엿장수 할아버지는 낡아서 못 쓰는 것이라 괜찮다고만 하며, 돌려주지 않으려고 했다.

우리 형제가 "아빠랑 엄마가 오시면 혼난다."라고 하며 돌려달라고 애원하자, 엿장수 할아버지는 아무 말도 없이 내 동생 손에 조그마한 엿 조각 한 개를 더 쥐어 주더니, 황급히 옆 마을 어디론가 사라져 버렸다.

동생과 나는 얼떨결에 집 안에 있던 멀쩡한 물건을 주고 엿이랑 바꾸어 먹은 꼴이 되었다. 어찌 되었든 엿장수 할아버지는 가 버렸고, 우리 형제는 엿을 맛있게 먹어 치웠다.

그날은 5일마다 장이 서는 갈미 장날이었다. 동생과 나는 엿을 입에 넣고 맛있게 먹으면서도, 아버지랑 어머니가 장에서 오시면 혼날 것을 생각하니, 걱정이 태산이었다. 아버지랑 어머니가 오셔서 그 물건들을 찾으면 뭐라고 대답할 것인가를 두고 고민해 봐도 별 묘책이 떠오르지 않았다.

어머니는 점쟁이였다

장날마다 그랬던 것처럼, 그날도 해가 지고 땅거미가 질 때쯤 되이시 아버지랑 어머니가 고장 난 라이터를 고치는 장일을 마치고 갈미 장에서 돌아오셨다.

혼날 걱정 때문인지 아버지랑 어머니는 우리가 예측했던 시간대보다 좀 빨리 오신 것처럼 느껴졌다. 어느 장날은 밤늦게 오셔서, 우리가 호롱불을 들고 마을 밖으로까지 아버지랑 어머니를 마중 나갈 정도로 늦게 오신 날도 있었는데, 그날은 평소

보다 조금 일찍 오셨던 것 같았다.

아버지랑 어머니는 마루에 걸터앉자마자 대나무로 엮어서 만든 둥근 바구니에서 무언가를 찾는 것처럼 손놀림이 바쁘셨다. 우리는 대나무로 엮어서 만든 그 둥근 바구니를 다람치라고 불렀다. 그 다람치는 아버지가 장날이면 라이터와 고장 난 라이터를 수리할 때 사용하는 공구 등을 담아서 등에 지고 다니던 등짐가방과 함께 손에 들고 다니셨던 손가방 같은 물건이었다.

어머니는 그 다람치 속을 손으로 뒤지더니, 누런 밀가루 포대 종이로 둘둘 말아서 싼 것을 꺼내셨다. 우리 형제들은 그 밀가루 포대 종이에 싸인 것이 무엇인지 잘 알고 있었다. 그것은 다름 아닌 우리 형제들이 제일 좋아하던 찐빵이었다.

아버지랑 어머니가 장에 갔다 오실 때는 장이 끝나갈 즈음에 그 찐빵집에 들러서 아버지의 장터 짐인 좌판 등을 맡긴 후, 거의 한 번도 빼놓지 않고 그 찐빵집에서 만들어 파는 찐빵을 사 오셨기 때문이었다.

찐빵은 아버지랑 어머니가 집에 오실 때 샀기 때문에 언제나 따뜻한 온기가 있었고, 속에는 달콤한 팥고물이 가득 들어 있는 맛있는 찐빵이었다.

우리 죄인 형제들은 제 발에 저려 어머니가 건네주시는 찐빵을 나누어 먹으면서도, 아버지랑 어머니의 동태를 예의 주시하며 살펴보고 있었다.

어머니는 저녁밥을 짓기 위해 부엌에 들어서자마자 이상한 낌새를 눈치채셨는지, "애들아! 오늘 누가 우리 집에 왔다 갔냐?"라고 물으셨다.

우리 죄인 형제들은 태연하게 앉아서 찐빵만 먹으며, 서로의 눈과 입의 표정만 확인하고, 아무 대답을 하지 못했다.

어머니는 부엌에서 나오시더니, 다시 마루에 걸터앉아서 틀림없이 누가 왔다 간 것 같다며, 잘 들리지도 않는 자그마한 목소리로 수군거리셨다.

그러더니 갑자기 방 안으로 들어가 방 안의 물건과 곡식들이 들어 있던 쌀독을 살피시고, 다시 마루로 나와, 마루 끝 기둥에 기대고 앉아서 혼잣말로 "나쁜 도둑놈은 온 것 같지 않은데, 누군가가 왔다 간 것은 틀림없는데."라고 하셨다.

어머니의 그 말을 듣는 순간 우리 어머니가 마치 점쟁이처럼 보였다.

어머니에게 다 털어놓았다

점쟁이 같은 어머니의 동태를 살핀 후, 나는 더 숨길 수 없다고 판단하였다. 내가 그날 있었던 엿장수 할아버지 이야기를 하려고 하자, 동생이 손가락을 자신의 입에 대고 말하지 말라는 신호를 보냈다.

어머니는 우리 형제가 이상한 신호를 주고받던 것을 이미 알아채고 있었다. 어머니는 슬그머니 나에게로 오셔서 내 팔을 잡고 집 뒤에 있는 장독대로 데리고 가더니, 조용하면서도 엄하신 목소리로 바른대로 말하라고 하셨다.

어머니는 불안해서 어쩔 줄 모르는 내 눈을 쳐다보며 바른대로 다 털어놓으면, 매질하지 않고 그냥 용서해 주겠다고 약속도 하셨다.

어머니의 손에는 어른 팔뚝보다 좀 더 큰 장작개비가 매타작

용으로 들려 있었다. 나는 전적으로 내가 잘못한 것이니까, '혼나도 싸다.'라고 생각하고, 어머니에게 엿장수 할아버지 이야기를 거짓 없이 다 털어놓았다.

어머니는 내 말이 끝나자 장작개비를 땅바닥에 내려놓고, 어머니의 양쪽가슴을 양손으로 쓸어내리셨다. 그리고는 혼자 장독대 앞에 서서 두 손을 모아 '천지신명님께⋯.' 하시면서 중얼거리듯 기도하기 시작하셨다. 어린 나로서는 한마디도 알아들을 수 없는 말이었다. 어머니가 왜 그러시는지 이유도 전혀 알 수가 없었다.

한참 동안의 기도를 마친 어머니는 우리 형제의 잘못도 있지만 엿장수 할아버지가 참 나쁜 사람이라고 하시면서, 나를 매질할 때 사용하려고 손에 들고 계셨다가 땅바닥에 내려 두었던 장작개비를 다시 집어서 장독대 옆 나뭇간에 툭 던져 버리셨다.

장작개비를 버리시는 순간 어머니가 나를 장작개비로 매타작은 하지 않으실 거라는 생각에 조금은 안심이 되었다. 하지만 어머니의 행동이 전혀 이해가 되지 않았다. 우리 죄인 형제들은 아버지랑 어머니가 장에서 오시면 맞을 각오를 하고 잔뜩 긴장하고 있었는데, 어머니의 행동이 예상 밖이었다.

어머니는 조곤조곤 말문을 열기 시작했다.

어머니는 부엌으로 들어가 냄비, 밥그릇 등을 올려놓는 선반이 어지럽게 난장판이 된 것이 보이던 순간, 무언가 불길한 예감이 들어 누가 왔다 갔나 생각했고 방 안에 있던 물건들을 살펴보니, 방 안에 있던 물건들이 제자리에 그대로 있는 것을 확인하고 도둑놈은 오지 않았지만, 누군가가 왔다 간 것만은 틀림이 없다고 생각했다고 하셨다.

나는 마치 어머니가 엿장수 할아버지의 행동거지를 옆에서 다 지켜보고 있다가 말하시는 것처럼 들려주는 말을 들으면서, 우리 엄만 틀림없는 점쟁이 중의 점쟁이라고 생각했다.

어머니는 도둑놈처럼 나쁜 사람이 왔다 간 줄 알고, 머리끝이 곤두설 정도로 소름이 끼쳤는데, 천만다행스럽게도 욕심쟁이 엿장수 할아버지가 와서 부엌과 마루 밑에 있던 멀쩡한 냄비랑 고무신을 가져가며, 엿을 주고 갔다는 내 말을 듣고 안도의 한숨을 내쉬시며 양쪽 손으로 가슴을 쓸어내리셨던 것이었다.

외할머니가 어머니에게 주신 선물이었다니!

어머니는 "어린 것들이 무슨 잘못이 있나!"라며 혼잣말을 하시더니, 선반을 정리하고 밥을 지으셨다.

나는 어머니가 가마솥 아궁이에 지펴준 불을 때고 있었다.

내가 불을 때는 모습을 지켜보시면서 무언가 아주 중요한 이야기를 해주고 싶은 것처럼, 입을 열 듯 말 듯 하시더니 아까 엿장수 할아버지가 가져간 냄비는 우리 가족을 위해 어머니가 맛있는 음식을 만들 때 쓰는 그릇 중에 제일 좋아하는 것이라고 하시며, 며칠 전에 외할머니가 오셨을 때, 어머니에게 선물로 주신 냄비라고 하셨다. 그래서 그 냄비는 어머니가 쓰던 물건 중에 가장 좋아했던 것이고, 소중하게 여겼던 물건이라고 하셨다.

맙소사!

엿장수 할아버지가 가져가 버린 그 냄비가 바로 외할머니가 어머니에게 주신 선물이었다니!

나는 너무도 죄스러워서 얼굴을 들지도 못하고, 벙어리처럼 한마디 말도 하지 못하고 쪼그려 앉아서, 그저 불이 잘 타고 있던 죄 없는 아궁이만 불쏘시개로 쑤셔대고 있었다.

어머니는 계속 말을 이어 갔다.
또, 아까 엿장수 할아버지가 가져갔던 하얀 고무신은 아버지가 신는 신발 중에 제일 멀쩡한 새 신발이라는 것이었다.

나는 불을 때던 아궁이 불길 속으로 차라리 기어들어 가고 싶은 심정이었다. 그런데도 언제 어디서나 모든 일에 자상하시면서도, 또 한편으론 엄청 엄격하셨던 어머니는 우리 형제를 혼내지 않으셨고, 별일이 아닌 것처럼 용서해주시고 그냥 넘어가셨다.

내 동생은 내가 어머니에게 끌려 장독대로 갈 때, 장작개비로 맞을 줄 알고 걱정이 되었다고 하며, 자신은 다음으로 끌려가 맞아 죽을 것을 생각해서, 잽싸게 집 뒤에 있는 뽕나무밭 쪽으로 도망쳐 버렸었다고 했다.

그런데 내 울음소리가 들리지 않자, 이상해서 집으로 돌아와 나와 어머니의 동태를 살피고 나서야 안심이 되었다고 했다.

도망쳐 내빼는 게 상책이었다

나와 어머니가 아무 일도 없었다는 듯이 태연하게 부엌에서 나오자, 아버지는 "집안에 도둑놈을 키우고 있었구먼!" 하시면서 우리 죄인 형제들을 향해서 당장에 매타작이라도 할 듯이 무섭게 버럭 고함을 치셨다. 아버지는 마루에 앉아서 나랑 어머니가 부엌에서 주고받았던 이야기를 다 들으신 것 같았다.

겁을 잔뜩 먹은 우리 죄인 형제는 아버지에게 맞아서 죽을까 봐 신발도 신지 못하고, 번갯불 튀듯이 사방으로 흩어져 바깥 마당 쪽과 집 뒤 뽕나무밭을 향해 각자 도망쳐 내빼버렸다.

우리 형제들은 잘못을 저지를 때마다 아버지의 작대기질 맛을 수없이 봤던 터라, 어린 우리 형제들은 아버지의 화난 목소리가 들리면, 무조건 "나 살려라!" 하고 도망쳐 내빼는 것이 우리 형제들에게만 통했던 최고의 상책이었다.

아버지의 작대기질 맛을 수없이 봤기 때문에 이미 작대기질의 아픈 맛을 경험을 통해 잘 알고 있었다.

도망친 우리 형제들은 서로 신호를 보내서 집 뒤 뽕나무밭에서 만나게 되었다. 서로 아버지에게 잡혀 맞아 죽지 않고 무사했던 것을 위로하며, 아버지가 쫓아오지 않을까 하는 조바심에 경계의 시선을 늦추지 않고 있었다.

어느새 시간이 흐르고 흘러서 이미 깜깜하게 어두운 깊은 밤이 되었고, 우리 어린 형제들은 서로의 얼굴조차도 알아볼 수 없을 정도로 깜깜해지자, 어디선가부터 점점 더 강하게 느껴지는 무서움이 끊임없이 밀려오기 시작했다.

캄캄한 밤에 아버지의 불호령 같은 호통에 내빼 도망친 우리의 가장 예민했던 머리카락 끝은 싸늘한 긴장감으로 곤두서 있었다.

그날은 초가을이라서 귀뚜라미, 여치, 찌르레기 등 갖가지 곤충들이 각자 자기들만의 독특한 목소리로 울어댔다. 마치 최상의 오케스트라 멤버들이 연주하는 것처럼, 최상의 가수들이 모여서 합창하는 것처럼 기가 막힐 정도로 훌륭한 연주이자 노래였다.

그 귀여운 수천수만 마리의 곤충 녀석들이 질러대는 멋진 합창 노랫소리를 듣다 보면, 시간 가는 줄도 모르고 무섭게 느껴지던 공포감도 긴장감도 조금씩 풀리는 것 같았다.

우리 죄인 형제들은 갈 곳도 없었고, 비교적 안전하다고 생각했던 집 뒤, 그 뽕나무밭에서 숨죽이며 쪼그리고 앉아 있었다.

시간이 점점 흘러 밤이 깜깜하게 깊어지자, 귀여운 곤충들의 울음소리에 섞여서 부엉이의 울음소리가 들려왔다. 이어서 소름 끼치는 능구렁이의 울음소리가 온몸을 휘어 감듯이 싸늘하게 들려오자, 그토록 요란하고 장엄하게 들려오던 곤충들의 합창소리는 귀에 들어오지도 않았다.

능구렁이의 울음소리가 점점 더 크게 들릴 때는 머리카락이 쭈뼛 섰다가 곤두박질하고, 온몸이 싸늘하게 마비되는 것 같았다. 능구렁이의 소름 끼치는 울음소리가 점점 더 가까이 밀려들 때는 마치 능구렁이가 우리를 잡아먹으려고 우리에게 다가오는 것처럼 느껴졌다.

우리 어린 형제들이 숨어 있던 곳의 주위에서 조금만 이상한 소리가 들려도 우리 쪽으로 능구렁이가 다가오는 것 같아서 두려움이 극에 달할 정도였다. 그럴 땐 우리 형제들은 칠흑 같은 어둠 속에서 서로 있는 위치를 확인하며, 떨어지지 않으려고 있는 힘을 다해서 꼭 껴안았다.

우리 집은 산자락 밑에 있었기 때문에 별의별 뱀들이 유독 많아서 깜깜한 밤이면 너무도 무서웠었다. 어머니는 집 주위에 큰 뱀들이 나타날 때마다 그 뱀들이 우리 집을 지켜주는 수호신이니 신령님이니 하시며, 특별한 경우를 제외하고는 절대로 잡지 못하게 했다. 오히려 그 뱀들을 피해서 멀리 돌아서 가라고 하셨다.

아버지의 갑작스러운 호통에 "나 살려라!" 하며, 내빼 도망쳐 나갔던, 우리 형제들은 맨발에 겨우 반바지 하나씩 걸친 것이 고작이었다. 그런 줄행랑을 치는 와중에도 동생이 먹다 남은 찐빵을 들고 도망쳐서 먹을 것은 있었으니, 그나마 참 다행이라고 생각했었다.

우리 형제들은 화가 잔뜩 난 아버지에게 잡혀서 맞아 죽을 때는 죽더라도 먹을 것은 일단 먹고 보자는 식으로 동생이 내빼면서 가져왔던 찐빵을 게 눈 감추듯이 순식간에 먹어치웠다.

우리 집 안에 있는 소중한 물건을 엿장수 할아버지에게 빼앗기고 받은 엿을 먹은 죄는 우리가 생각해 봐도 큰 죄였다. 그 죄의 대가로 초승달조차 없는 칠흑 같은 깜깜한 밤에 뽕나무밭

으로 쫓겨나 어둠 속에서 엄습하는 무서움을 어린 알몸으로 감
수해야만 했었다.

엿장수 할아버지에게 좀 더 졸라 볼걸 하고 후회도 해 보았
지만, 이미 때는 지나가 버렸고, 아무 소용없는 일이었다.

죄 없는 어머니만 혼나게 했다

그날 밤은 바로 앞에 앉아 있는 우리끼리도 서로 얼굴이 보
이지 않을 정도로 칠흑같이 어두운 밤이었기 때문에 뽕나무밭
으로 쫓겨난 우리 형제는 가끔 우리 집 뒤에까지 내려와서 울
던 여우나 능구렁이 같은 무서운 것들이 우리를 해치려고 덤벼
들지 않을까 하고 긴장되어 온몸의 촉각을 곤두세우고 있었다.

촉각을 곤두세우면 세울수록 며칠 전에 여기저기서 우리를
놀라게 했던 소름 끼치는 뱀, 부엉이들의 모습만 자꾸 떠올랐
다. 왜냐하면 능구렁이나 부엉이 등 무서운 것들이 우리 형제
를 해칠 수도 있다고 생각했기 때문이었다.

어느 순간 촉각을 세운 우리의 귀에 들려오는 소리는 우리가

전혀 예상치 못했던 것이었다.

아버지와 어머니가 언성을 높여 싸우시는 소리였다. 싸우는 소리라기보다는 아버지가 일방적으로 어머니를 몰아붙이며 꾸 짖는 것 같이 들렸다.

아버지랑 어머니가 싸우시면서 무슨 말을 하시는지, 우리 죄인 형제들이 자세히 들어 보려고 귀를 기울이자 마치 내 머리의 뒤통수를 내려치는 것과 같은 아버지의 목소리가 들려 왔다.

분명한 목소리로 "멀쩡한 지 애비 신발까지 주고, 엿 바꾸어 처먹는 놈은 내 새끼가 아니야!"라고 하시는 아버지의 목소리 가 내 귓구멍에 꽂혀 버렸다.

잠시 후 어머니가 자그마한 목소리로 "어린 것들이 뭘 알겠 어!"라고 하시며, 우리 죄인들의 입장을 변호해 주시자, 아버 지는 더 화가 난 목소리로 이번엔 "새끼들이 다 지 에미 닮아서 그 모양들이야!"라고 버럭버럭 소리를 지르셨다.

화가 잔뜩 난 아버지를 설득하고 새끼들을 변호하려고 하다 가 아무 죄 없는 어머니까지 꾸중을 듣게 한, 나 자신이 너무도 미워서 스스로 내 머리통에 주먹으로 꿀밤을 먹였다.

아버지의 목소리가 점점 더 커지는 것을 보니 아버지가 화가 단단히 났다는 것을 짐작할 수 있었다.

아버지는 갈수록 어머니의 설명을 들으려 하지도 않았고, 우리 형제들이 어머니를 꼭 닮아서 그렇게 못된 짓을 한 거라고 야속하게도 불쌍한 어머니만 몰아붙였다. 아버지의 그 말을 듣는 순간 너무 분하고 속상해서 어찌할 수 없을 정도로 괴로웠다.

우리 죄인 형제가 아버지의 작대기질에 맞아 죽는 것이 우리 죄인의 입장을 변명해주시다가 괴로움을 겪고 있던 어머니를 아버지의 심한 꾸중으로부터 해방시켜드리는 길이라고 생각하기도 했었다.

그날 밤, 우리 죄인 형제는 차라리 아버지 앞에 무릎 꿇고 앉아서 아버지의 작대기질에 맞아 죽어 버리는 것이 낫겠다고 중얼거렸었다.

그러면서도 깜깜한 뽕나무밭을 박차고 나와서 아버지에게 나타날 수 없었던 것은 아버지의 작대기 맛이 얼마나 아픈지를 잘 알고 있었기 때문이었다.

하지만 돌이켜 생각해 보면, 그 모든 것의 원인은 고스란히 우리 죄인들에게 있었으니, 누구를 탓할 수도 없는 노릇이었다.

아버지는 조그마한 잘못도 쉽게 용서하지 않으셨던 엄격하신 분이었지만, 또 한편으로 어린 우리 형제들에게는 어떠한 경우에도 이유 없이 꾸짖는 경우는 절대로 없는 아버지였다.

다만 자비로우셨던 어머니에게는 별것도 아닌 것을 이유로 화를 내시는 경우가 종종 있어서, 늘 어머니가 불쌍하게 보였다.

그날 밤도 교장 선생님에게서 꾸중을 듣는 어린이처럼 어머니는 죄지은 어린 우리를 변호했다는 이유로 아버지의 말에 한마디 대꾸도 못 하고, 아버지의 꾸중만 듣고 있었다.

어머니는 평소에도 아버지가 말씀하시거나 꾸중을 하시는 중간에 끼어들어 말대꾸하는 경우가 거의 없었다.

어린 우리 형제의 입장을 변호해 주려 했다가 어머니가 우리 몫까지 대신해서 괴로움을 받는 처지에 놓였던 것이, 어린 우리의 마음을 너무도 속상하고 아프게 했다.

어머니 혼자 우리들을 찾으러 숲속을 헤매셨다

어머니는 어린 우리의 잘못이 사소한 것이라고 생각하셨을 때는 아버지에게서 우리를 변호해 주셨고, 그럴 때마다 늘 어머니까지 덤으로 꾸중을 듣는 죄인이 되어 버렸다. 하지만 우리들이 큰 잘못을 저질렀다고 생각하셨을 때는 변호는커녕, 어머니가 아버지보다도 훨씬 더 무섭게 혼내셨다.

어쨌든 아버지의 화가 전혀 풀리지 않은 이상, 우리 죄인 형제는 집에 들어가서 아버지한테 맞아서 죽든지, 아니면 능구렁이가 덤벼들 것 같은 무서운 밤에 집 뒤 뽕나무밭에서 잠을 자든지, 둘 중 하나를 선택할 수밖에 없었다.

우리는 집에 들어가서 잠을 자기는 이미 글렀고, 집에 들어가 봤자 아버지한테 잡혀 죽을 것만 같다고 생각한 나머지 깜깜한 뽕나무밭에서 하룻밤을 지새우기로 작정하고, 땅바닥에 있던 지푸라기 등을 끌어 모아서 대충대충 펴놓고 누워 버렸다.

우리는 아버지한테 잡혀도 죽고, 능구렁이에게 잡혀도 죽을 수밖에 없으니, 어쩔 수 없는 신세라는 식으로 포기한 채, 그냥 지푸라기 덤불 위에 지그재그로 겹쳐서 꼴좋게 누워 버렸다.

한참이 지나도 우리 죄인 형제들의 인기척이 없고 섬뜩한 능구렁이의 소름 끼치는 울음소리만 점점 더 크게 가까이 들려오자 어머니는 순간적으로 머리카락이 설 정도로 무서운 생각이 들어 피가 거꾸로 솟는 것 같은 기분에 아버지와의 말싸움을 그치고, 우리를 찾으러 집 주위 숲을 뒤지며 돌아다니셨다고 하셨다.

그런 줄도 모르고, 우리 형제는 피곤한 나머지 엄청난 무서움도 잊은 채 곧바로 잠이 들어, 어머니가 그토록 애타게 부르는 소리를 듣지 못했던 것이었다.

얼마나 잠을 잤는지는 모르지만, 신음 섞인 울음소리가 들려서 깨어보니 어머니께서 긴 머리칼이 바람에 이리저리 날린 듯이 헝클어진 채 작은 기름 램프 등불을 손에 들고서 우리 형제들 옆에 쪼그리고 앉아 계셨다.

나는 잠결에 어머니가 왜 갑자기 잠자는 내 곁에 와 계시는지,

이상하다고 생각했다. 그날 있었던 일을 모두 잊고, 평소처럼 집에서 자고 있었던 것으로 착각했던 것이다.

잠시 후 정신을 차려보니 그곳은 방이 아니었고, 무섭고 깜깜한 밤의 뽕나무밭이었다. 우리 형제는 어머니를 따라서 집으로 돌아와 아버지 몰래 집 뒤쪽에 있던 작은 골방에서 잠을 잤다.

어린 시절 한동안 엿을 먹지 않았다

다음 날 아침 일찌감치 어머니는 우리 죄인 형제가 잠을 자던 작은 골방으로 오셨다. 아주 피곤해하시는 모습이 역력했다. 어머니는 지난밤에 있었던 무섭고 마음 아픈 일에 대해서 조곤조곤 이야기해주셨다.

어머니는 우리 형제가 "나 살려라!" 하고 도망쳐 내뺀 후 아버지한테 혼날까 봐 집에 들어오지도 못하고 바깥마당 어디엔가 서성거릴 거라 생각하고 마당에 나와 보셨다고 했다. 그러나 아무도 모습이 보이지 않자, 머리카락이 곤두서며 소름 끼치는 능구렁이 소리만 더욱 크게 들렸다는 것이었다.

어머니는 순간적으로 앞이 전혀 보이지 않았고, 하늘이 노랗게 보이고, 땅이 푹 꺼지는 것 같았다고 하시며, 우리를 찾아 깜깜한 밭과 산을 혼자서 수없이 헤맸다고 하셨다.

아무리 찾아봐도 찾을 수 없게 되자, 더는 어찌할 수 없어서 어머니가 아버지에게 함께 찾아보자고 해도 아버지는 일체 대꾸도 하지 않으시고 방에 들어가 태연하게 주무셨다며 서운해하셨다.

어머니는 아무것도 보이지 않는 캄캄한 밤에 독사가 도사리고 있는 개울가도 다 찾아다니셨다고 하셨다. 독사에게 물리면 소리도 제대로 못 지르고 죽는다는 이야기처럼 우리 형제가 끔찍한 독사에게 물려 죽었을지도 모른다고 생각하고, 우거진 가시덤불을 헤치고 개울가까지 다 찾아보셨다는 것이다.

어머니는 우리가 있었던 곳으로 능구렁이가 덤벼들지 않은 것이 천만다행이라고 하셨다. 우리 형제들은 다행히 어머니에게 발견되어 방에 들어왔을 때는 아무 일도 없었다는 듯이 태연하게 곯아떨어져 잠을 잤다고 했다.

그러시면서 어머니는 엊저녁 장독대에서처럼 "어린 것들이 뭐 잘못이 있나!"라고 혼잣말로 중얼거리시더니 "어쩜 그렇게도 매정할 수 있냐?"며 우리 형제들을 깜깜한 무서운 밤에 내쫓아버리고 방 안에서 꿈쩍도 하지 않으셨던 아버지에 대한 서운함을 목메는 소리로 털어놓으셨다.

어머니의 말을 듣다가 울컥하고 흐르는 두 뺨의 눈물을 훔치며 "절대로 엿은 먹지 않을 거야!"라고 울음 섞인 목소리로 동문서답했다.

어머니는 엿을 먹는 것은 죄가 되지 않는다고 하시며, 집 안에 쓸모 있는 물건을 엿장수에게 주고 엿 바꾸어 먹는 것이 잘못이라고 하셨다.

그러나 나에게 어머니의 말은 들리지도 않았다. 나는 무조건 "엿은 안 먹을 거야!"라고 울먹이는 목소리로 계속 말했다. 욕심쟁이 엿장수 할아버지도 우리 집에는 절대로 오지 못하게 하겠다고 했다.

우리 형제가 그토록 사정해도 들어주지 않고, 멀쩡한 물건을 엿 조금 떼어주고 가져가 버렸던, 욕심쟁이 엿장수 할아버지가 너무도 미웠기 때문이었다.

어린 그 시절, 한동안 나는 아무리 맛있는 엿이라고 해도 절대로 엿은 먹지 않았다. 모든 엿은 그 욕심쟁이 엿장수 할아버지가 떼어 주었던, 그 엿처럼 마귀가 끼어있는 엿이라고 생각했기 때문이었다. 나에게 엿은 곧 보기조차도 싫은 마귀 엿장수 할아버지 그 자체일 뿐이었다.

어린 시절이 좀 지나면서 한편으로는 그 마귀의 엿 덕분에 어린 시절 조금이라도 더 정신을 차리게 되었던 것을 떠올리며, 다행스러운 일이었는지도 모르겠다고 생각하기도 했다. 어찌 되었건 어린 시절 먹었던 그 엿장수 할아버지의 엿은 마귀가 만든 엿이 틀림없을 거라고 믿었었다.

나에게 그 엿은 어린 시절 잊히지 않았던 엿이었고, 심술궂은 마귀가 달라붙어 있는 엿일 뿐이었다. 엿장수 할아버지가 쳐다보기조차 싫었고 얄밉기도 했지만, 내 어린 시절이 좀 지난 후에서야 그때의 나처럼 어린아이들을 속이면서라도 살아야 하는 엿장수 할아버지가 때로는 몹시 불쌍하기도 했다.

어린 시절 어느 곳에서라도 우리 집에 있었던 냄비와 비슷한 냄비를 볼 때마다 외할머니가 어머니에게 선물로 주셨던 냄비처럼 보여서 가까이 가서 살펴보았고, 내가 찾던 그 냄비가 아닌 것을 확인하고는 몹시도 실망했었다.

외할머니가 어머니에게 선물로 주신 그 냄비를 꼭 내 손으로 찾아서 어머니에게 돌려드리고 싶었기 때문이었다. 어린 시절 나는 아버지의 고무신도, 외할머니가 어머니에게 주신 냄비도 다시 찾아오지 못했던 것을 속상해하고 늘 죄스러워했었다.

그날의 무섭고 슬픈 경험 덕분에 어릴 때부터 모든 물건에는 다 나름대로 사연이 있고 가치가 있을 거라는 생각에 함부로 대하지 않았고, 소중히 여기게 되었다.

무엇보다도 외할머니가 어머니에게 선물로 주신 사연 깊은 냄비를 마귀의 엿과 바꾸어 먹은 것이 오랫동안 잊히지 않아서 괴로워했다. 하지만 외할머니 냄비에 담긴 그 마음 아픈 추억이 살며시 떠올라 괴로울 때마다 어린 내 영혼은 조금씩 따뜻하게 데워져 갔다.

제7장

정혜사 가는 길

내 어린 시절,
동자 스님이 던져준,
그 한마디 "가지 마! 형!"을
맘속으로 되새기고 되새기는 동안,
어머니가 몰래 빚었던 술이
이불 속 단지에서
향기롭게 잘 익어갔던 것처럼,
내 영혼도 조금씩 더 숙성되어
향기로워져 갔다.

달빛이 동행해 주어 고마웠다

"애야! 일어났니? 어서 일어나! 늦겠다. 애야!"

가늘게 들려오는 어머니의 목소리였다. 나는 짧게 "네."라고만 대답했다. 나는 이불 속에서 꿈지럭거리며, "엄마! 몇 시야?"라고 물었다. 어머니는 몇 시라는 대답 대신 "벌써 늦었어."라고만 하셨다.

나는 어머니의 "벌써 늦었어."라는 말이 떨어지기가 무섭게 뒤집어쓰고 있던 이불을 걷어차고 일어났다. 어머니와 나는 어제 잠자리로 가기 전에 약속했기 때문에 이른 새벽에 어머니가 나를 깨우시는 이유를 잘 알고 있었다.

눈을 비비고 일어나 세수를 하기 위해 밖으로 나왔을 때, 어머니는 이미 한참 전에 일어나셔서 떠날 준비를 모두 끝내시고, 내가 일어나기를 기다리셨던 것 같았다.

어쩌면 간밤에 전혀 잠자리에 들지 않으시고, 초저녁부터 떠날 준비를 하셨는지도 모른다. 하얀 보자기에 무언가 쌓아서 마루 끝에 놓아두고, 내가 신을 운동화까지 마루 밑 토방에 가지런히 준비해 놓으셨다.

어머니가 세숫대야에 떠 놓은 물에 대충 얼굴만 닦았다. 어머니는 마루턱에 걸터앉아 내가 세수하는 모습을 지켜보시더니, "고양이 세수하고 있네! 까마귀가 형아! 형아! 하고 따라다니겠다." 하시며 날 비웃으셨다. 어머니의 그 비웃음 섞인 말을 듣는 순간 창피하고 민망했었다.

어머니의 말씀은 '중요한 곳에 갈 녀석이 깨끗이 닦아야지, 평소 세수도 제대로 하지 않아서 얼굴이 까마귀처럼 시커먼 녀석이 고양이가 세수하듯 대충 닦으면 되겠느냐?' 하고 꾸짖는 것처럼 들렸기 때문이었다.

나는 다시 얼굴에서 뽀득뽀득 소리가 날 정도로 깨끗이 씻었다.

그러고는 곧바로 마루 기둥에 걸려 있던 거울 앞으로 가서 거울에 비친 내 얼굴이 어머니 말대로 진짜 까마귀처럼 시커먼지 들여다보고, 멋쩍은 듯이 어머니를 바라보았다.

그제야 어머니는 들고 있으시던 수건으로 내 얼굴의 물기를 닦아주시면서, "너무 늦겠어!"라고 하시며, "어서 서두르자!"라고 하셨다.

마루 끝에 준비해 둔 짐 보따리를 내가 들려고 하자, 어머니가 이고 가시겠다며 먼저 짐 보따리를 들어 머리에 이셨다. 남은 가족들이 고요히 잠을 자는 우리 집의 허름한 문을 살며시 닫아두고 뒤돌아섰다.

바야흐로 어머니가 앞서고 나는 뒤따라가는 대장정이 시작된 것이었다. 하늘엔 큰 보름달이 어머니랑 내가 가는 길을 훤히 비춰주며, 동행해 주겠다는 듯이 휘영청 밝게 떠 있었다.

그날은 새벽 공기가 유독 차가웠다. 봄이 지나가고 초여름이 시작될 무렵이었음에도 새벽의 바깥공기는 꽤나 차갑게 느껴

져 온몸이 오싹했다. 그래도 우리를 비추는 달빛은 어느 때보
다도 더 밝았다. 그 달빛이 없었더라면, 우리는 깜깜하고 무서
운 길을 잔뜩 긴장하고 걸어갈 수밖에 없는 신세였을 테다. 달
빛은 동이 틀 무렵까지 길을 밝혀주고, 여행길의 친구가 되어
주어 어머니와 나는 많은 대화를 나누며 즐겁게 먼 길을 떠날
수 있었다.

고마운 달빛이자, 동행자였다.

어머니는 "넷째야! 뭐가 되고 싶니?"라고 물으셨다

우리는 어느새 집 앞 개울물을 건너 논두렁을 지나 마을 길을 한참 벗어났다. 내가 살았던 우리 농촌 마을은 이미 보이지도 않았고, 앞에는 제법 많은 물이 흐르는 큰 강가에까지 다다랐다. 강은 구불구불 산 밑을 돌아서 흘러가는 강으로 용이 누워 있는 형상을 하고 있다고 해서 어른들은 그 강을 와룡천이라고 불렀다.

어머니와 나는 손을 꼭 잡고 나무로 만들어 놓은 와룡천 다리를 무사히 건넜다. 나는 다리를 건너자마자, 쉬었다가 가자고 말했다. 길가에 앉아서 쉴 만한 돌이 한 개 눈에 띄었다. 돌은 앉아서 쉬기에 좋은 편편한 돌이어서 어머니와 나는 나란히 앉아서 쉬었다.

대충 잡아 한 시간은 더 걸어온 것 같았다. 나는 발바닥이 불이 난 것처럼 화끈화끈했다. 어머니를 따라오지 않고, 집에서 잠을 푹 자고 있을 가족들이 부러웠다. 멋모르고 어머니 따라 절에 가겠다고 전날 밤에 대답한 것이 후회되었다.

10분쯤 쉬었는데 어머니가 일어서며 "이러다가 늦겠다, 가자!"라고 하셔서 긴 기지개를 다시 펴고 출발하였다. 좀 쉬었다가 걸으니까 훨씬 걷기가 좋았다.

집에서 출발할 때는 새벽공기가 싸늘하게 느껴졌었는데, 벌써 이마와 등에서는 땀이 흐르고 새벽공기가 살짝살짝 스칠 때는 오히려 그 찬 공기의 맛이 상쾌하게 느껴질 정도로 좋았다.

개천이 두 개가 서로 만나 합쳐진 곳이라고 하여 쌍천리라고 불렸던 마을 어귀부터는 개천 옆길을 따라서 걸어갔다. 구불구불 길게 깔린 흙길은 걷고 걸어도 도대체 끝날 줄 모르고 길게 늘어져 있었다.

나는 얼마나 힘들었던지 몸은 비틀비틀, 다리는 휘청거리면서 걸었는데, 어머니는 무거운 짐을 머리에 이고 걸으시는데도 자세 하나 흔들림 없이 똑같은 보폭으로 똑바로 걸으셨다.

한참 걷다 보니, 내가 다니던 용호국민학교와 똑같이 생긴 국민학교가 눈에 띄었다. 나는 "힘들어 죽겠다."라고 말하며, 학교 앞에서 쉬었다가 가자고 했다. 어머니도 그럴 참이라고 하셨다.

학교에 도착하자, 내가 다니는 학교보다 더 좋은지, 안 그런지 호기심이 생겨 교문에 서서 학교 안을 들여다보았다. 학교 건물도 운동장도 내가 다니는 국민학교와 크기도 생김새도 거의 똑같았고 정겨워 보였다. 달빛이 워낙 밝아서 학교 안의 건물과 뜰이 훤히 다 보였다.

어머니는 먼저 쉴 때처럼 학교 앞 돌에 앉아서 쉬고 계셨다가, 교문 쪽에 있던 나를 부르셨다. 힘든 발걸음을 옮겨 어머니 곁으로 가서 앉자, "너희 학교보다 좋으냐?" 하고 물으셨다. 나는 "우리 학교가 더 오래되고 더 좋은 것 같다."고 했다. "엄마가 보기에도 그런 것 같다."고 하셨다.

어머니는 무언가 나에게 하실 말씀이 있다는 듯이 내 얼굴을 한참 쳐다보시더니, "너는 뭐가 되고 싶니?" 하고 나지막한 목소리로 물으셨다. 나는 갑작스러운 어머니의 질문에 아무 생각 없이, "군인!" 하고 대답했다. 어머니는 내 대답에 좀 실망했다는 듯, "체! 군인 된다고?" 하고 되물으셨다. "네."라고 쉽게 대답하자, "왜냐?"라고 하시며, 그 이유를 물으셨다.

나는 군인이 되면 나라를 지킬 수도 있고, 어머니, 아버지, 우리 가족도 지켜줄 수 있다고 했다. 어머니는 나에게 더 다가앉으시며, "군인도 좋지, 그런데 또 다른 거 되고 싶은 거는?" 하고, 재촉하듯이 물으셨다. 난 기다렸다는 듯이 조금도 망설임 없이 "선생님이 되고 싶어."라고 말했다.

어머니는 "난 네가 군인이 되는 것도 좋고, 선생님이 되는 것도 좋아, 그런데 큰 사람이 되었으면 좋겠어."라고 하셨다. 난 어머니가 말하는 큰 사람이란 임금님, 대통령밖에 다른 사람은 누구도 생각이 나지 않았었다. 그래서 더 이상 아무 대답도 하지 못하고, 어머니 얼굴만 바라보고 서 있었다.

"네 손으로 가문을 꼭 바꾸어야 한다."고 하셨다

내가 아무 대답을 하지 않고 있자, 내 짧은 머리카락을 쓰다듬듯 만지시며, "네 손으로 우리 집 가문을 꼭 바꾸어야 한다." 라고 하셨다. 그러고는 또 걸어가면서, 본격적으로 이야기하자 는 식으로 벌떡 일어서더니, "이러다가 진짜 늦겠다. 노스님 기 다리시는데."라고 영문 모를 말씀하시면서 걸을 준비를 하셨다.

넓은 길이어서 어머니 뒤를 따라가지 않고, 나란히 옆에 서 서 걸어갔다. 어머니는 출발하자마자, 조금 전에 하다 남은 이 야기보따리를 풀기 시작했다.

"얘야!" 하며 부르시기에 난 비몽사몽 중에 대답하듯, "응!" 하며 대답하자, 어머니는 뜬금없이 "너는 아빠보고 사람들이 라이터쟁이라고 부르는 게 좋으냐?" 하고 물으셨다.

나는 "아버지가 고장 난 라이터도 잘 고치고, 그 돈으로 우 리 가족이 먹고 살 수도 있으니까 괜찮아." 하고 아무 생각 없 이 말했다. "그건 네 말이 맞다!" 하고 대답하셨던 걸 보면, 어 머니도 내 말에는 전적으로 공감하고 있는 것 같았다.

하지만 그것만으로는 충분하지 않았고 무언가 불만스러운 것이 있다는 듯이, "엄만 너희 아빠를 사람들이 라이터쟁이라 고 부르는 게 싫어! 아빠도 이름이 있잖아!"라고 하셨다.

내가 어린 그 시절에 사람들은 아버지를 라이터쟁이라고 불렀다. 어머니는 늘 사람들이 아버지를 이름 대신에 라이터쟁이라고 부르는 것이 몹시 신경에 거슬렸고, 기분이 나빴던 것 같았다. 어머니는 사람들이 아버지를 그렇게 부르는 것은 아버지를 너무 무시하는 처사라고 하시며, 라이터쟁이라고 부르는 소리가 귀에 들리기만 해도 싫었고, 기분이 상했다고 하셨다.

그러고는 역사 선생님이 가르쳐 주시는 것처럼, "너희 집안은 원래 가문이 있는 집안이었다는 거야. 너희 고조할아버지 대에서부터 자손이 귀해서 이렇게 몰락했고, 너희 할머니가 일찍 돌아가셔서 아빠는 너희 할머니인 아빠의 엄마 얼굴도 모르는 채, 너희 고조할머니랑 증조할머니 손에서 자라게 되었다는 거야. 그러니 제대로 공부 한 번 못 해 보고 고조할머니랑 증조할머니를 포함한 가족들을 돌보기 위해서 꼭 지금 너만 한 어린 나이 때부터 그렇게 장돌뱅이로 나서게 되었다는 거야!"라고 하셨다.

피곤해서 잘 들리지도 않는데도, 어머니는 내가 어머니의 말을 잘 듣고 있는 것으로 생각하고 우리 집안 얘기를 이어갔다.

　나는 기진맥진해져 조금만 울퉁불퉁한 길에서도 발을 헛디
더 길에서 넘어질 뻔했고, 잘 보이지 않는 작은 돌부리에도 채
여 여러 번 넘어지기도 했었다. 이번에는 어머니도 꽤 지치셨
는지, 어머니가 먼저 쉬었다가 가자고 하셨다. 나는 무조건 좋
다는 듯이, 또 기다렸다는 듯이 길바닥에 그냥 무너지는 것처
럼 주저앉아버렸다. 너무 힘든 나머지 어머니에게 얼마나 더
가야 하는지를 물었다. 어머니는 "조금만 더 가면 된다."고 하
셨다.

　어머니는 아직도 나에게 해줄 이야기가 남았다는 듯이 말을
이어 갔다.
　"아빠도 많이 불쌍해. 너희 할머니가 그렇게 일찍 돌아가시
지 않았더라면 아빠도 지금처럼은 힘들게 살지 않겠지. 아빠가
세 살 때 할머니가 돌아가셨다니, 기막힐 노릇이었겠지. 네 나
이 때부터 장돌뱅이로 온 장을 다 떠돌며 돈 벌어서 가족을 돌

봤다니, 참 기막힐 노릇이었겠지. 친구들은 모두 다 학교에 가는데, 혼자서 등짐을 지고 장에 가며 서러워서 많이도 울었다는 거야. 그 덕분에 우리가 살고 있긴 하지만…." 하시더니 잠시 이야기를 멈추셨다.

어머니 이야기를 듣는 순간, 어머니의 목소리가 조금씩 떨리고 있다는 것을 느꼈다. 조금씩 목이 메는 목소리 같기도 했다.

어머니의 이야기가 잠시 끊기는 틈을 타서 어머니는 누구한테서 그 이야기를 들었느냐고 물었다.

어머니는 "국수골에 사시는 너희 고모할머니랑 서산에 사시는 대부님한테서 들었는데, 그분들 아니었으면 너희 집안은 어디서부터 이어온 집안인지조차도 모를 뻔했지."라고 하시며, 어머니가 우리 집안에 시집온 후, 아버지가 그분들의 희미한 기억을 더듬어서 여기저기 흩어져 방치되었던 선조들의 산소를 찾아서, 우리 집 뒤에 아버지랑 어머니가 사 놓은 산으로 옮겨서 모셨다고 하셨다. 어머니는 우리 집안 선조들의 훌륭했던 가문을 다시 일으켜 세워야 하는데 큰 걱정이라고 하시며, 한숨을 쉬셨다.

산길을 다람쥐가 안내해 주었다

어머니가 내가 무엇이 되고 싶은지 물어보신 이유를 조금씩 깨닫게 되었다. 어머니는 앉으신 채로 무릎 위에 올려놓았던 짐 보따리를 다시 머리에 이시곤, 또 "진짜 늦겠다, 어서 가자!"고 하시며 일어서자마자 발걸음을 재촉하셨다.

나도 어머니를 따라 일어서서 걸으려 했는데, 마치 발목에 쇳덩어리를 매달아 놓은 것처럼 발이 무거웠다. 우리 집안에 대한 어머니의 남은 이야기를 들으며, 천천히 뚜벅뚜벅 발걸음을 옮겨 걷다 보니 어느덧 덕숭산 수덕사의 일주문이 보였다.

나는 '얼추 왔구나!' 하고 안도의 한숨을 쉬었다. 어머니가 들려주시는 이야기를 나는 듣는 것조차도 힘든데, 어머니는 쉬지 않고 내가 듣거나 말거나 자그마한 목소리로 계속 이야기를 하셨다. 계단으로 된 수덕사 일주문을 통과하여, 대웅전 건물 옆길로 돌아서 곧장 산 정상 쪽으로 향했다.

산길이 처음부터 꽤 가파르고 좁아서 힘든 길이었다. 다시 어머니가 앞서고, 나는 뒤따랐다. 어느 정도 올라가니, 숨이 목까지 차올라 한 걸음도 뗄 수가 없었다. 위를 쳐다보니 끝은 보이지 않고, 큰 바위만 보였다.

부처님이 새겨진 큰 바위 앞의 넓은 공터를 지나다가 쓰러질 것만 같아서 쉬었다 가자고 했다. 어머니도 숨이 차는 목소리로 그러자고 하셨다. 나는 철퍼덕 무너지는 듯이 주저앉았다. 어머니는 작은 바위에 걸터앉고, 무릎 위에 짐 보따리를 올려놓았다. 나는 힘든데 왜 무릎 위에 짐 보따리를 올려놓느냐며 내려놓으라고 했다.

어머니는 "그건 안 되는 거야!"라고 하시며, 끝까지 양쪽 무릎 위에 짐 보따리를 올려놓고, 귀한 아기처럼 안고 계셨다. 가만히 생각해보니, 집에서 그곳에 올 때까지 어머니는 한 번도 짐 보따리를 땅바닥에 내려놓으신 적이 없었던 것 같았다. 나는 '그 짐 보따리 속에 무엇이 들어 있기에 그러시나.' 하고 궁금하기도 했다. 무슨 중요한 보물이 들어 있을 거로 생각했다. 목적지에 도착하면 반드시 확인해 봐야겠다고 생각했다.

잠깐 쉬고 다시 유격훈련이라도 하듯이 이번에는 내가 앞장서서 걸어 올라갔다. 어머니가 뒤처져 올라오고 있었다. 조금

올라가다 말고 다시 돌계단에 힘없이 픽 주저앉아서 어머니를 기다렸다.

갑자기 떡갈나무 잎 사이로 내 얼굴을 향해 강렬한 아침햇살이 비쳤다. 눈이 부셔서 앞이 전혀 보이지 않았다. 눈을 비비고 손바닥을 펴서 이마에 대고 햇빛을 가리며 앞을 살펴보니, 내 바로 앞에 있는 커다란 바위 위에 다람쥐 녀석이 먼저 와서 팔짝팔짝 뛰며 놀고 있었다.

어머니가 가까이 도착하자 어머니의 짐 보따리를 들어주려고 어머니의 머리에서 짐 보따리를 받아 들었더니, 맙소사! 내 허리가 휘청할 정도로 무거운 짐 보따리였다. 어머니는 그렇게 무거운 짐 보따리를 걸으실 때는 머리에 이시고, 쉬실 때는 무릎 위에 올려놓고 쉬셨던 것이었다. 어머니가 무쇠로 만든 인간처럼 느껴져 위대하게 보이면서도 불쌍하게 보였다.

내가 짐 보따리를 받아 어깨에 메고, 좁은 비탈길을 따라 몇 발짝 더 올라가자 사람 소리가 들렸다. 나는 직감적으로 다 왔다고 느꼈다. 그래서인지, 나도 모르게 "휴, 다 왔다!"는 말이 입에서 새어 나오고 말았다. 어머니는 우리가 늦어서 스님이 마중 나오신 것 같다고 하셨다. 어머니의 말이 또 점쟁이처럼 딱 맞았다.

젊은 스님이 쏜살같이 내려오셔서, 어머니에게 손을 모아 인사하고, 나에게도 손을 모아 인사를 하시더니, 내 짐 보따리를 번쩍 들어 어깨에 메고 앞장서셨다.

아까 계단에 앉아서 어머니를 기다릴 때 넓은 바위 위에서 놀고 있던 다람쥐 녀석이 내가 올라오는 동안 좁은 길을 달리고 있었다. 그것은 높은 나무 위에 잽싸게 올라갔다가 다시 내려오기도 하면서 앞장서서 달려가곤 했는데, 그 다람쥐 녀석이 언제 왔는지, 이제는 스님 앞에서 달려가고 있었다. 꼭 우리가 가고 있는 산길을 안내해주는 것 같아서 고마웠다.

스님이 갑자기 "보살님! 몇 시에 떠나셨어요?" 하고 물으셨다. 어머니는 "평소처럼 두 시 반쯤 떠났는데, 애가 힘들어해서 많이 쉬는 바람에 늦었어요."라고 하셨다.

십여 분쯤 올라가니 크고 둥근 대리석으로 만들어 놓은 탑이 있었다. 어머니는 두 손을 모아 허리 굽혀 세 번 인사했다. 나도 무조건 어머니처럼 했다. 스님이 나 보고 "잘했어."라고 하더니, "고생했다, 장하다."고 했다.

스님은 이 탑은 만공 큰스님의 탑이라고 하시면서, "이제 다왔어. 조금만 올라가면 정혜사야."라고 다정하신 목소리로 말해 주셨다. 우리는 만공 큰스님 탑에서 잠깐 쉬고 있다가 다시 오르기 시작했다. 우리 집채보다도 더 큰 바위들이 서로 맞물려 어우러진 좁은 굴길을 지나서 급경사인 계단을 오르니 정혜사라고 쓰인 간판이 보였다.

이제 진짜 다 온 것이었다. 지난밤에 어머니가 이른 새벽에 정혜사에 가는데, 함께 가자고 하셨기 때문에 나는 목적지가 정혜사라는 걸 잘 알고 있었다.

정혜사 절 입구에 들어서자 불어오는 산 계곡바람이 얼마나 시원한지 속까지 시원해지는 것 같았다. 절에는 이렇게 험한 바위산에 이처럼 넓은 마당이 있을 수 있을까 할 정도로 넓은

흙 마당이 펼쳐져 있었다. 절 마당을 얼마나 정갈하게 비질을 해 놓았는지, 내가 걸어가면 발자국이 생길까 조심스러울 정도였다.

　내가 마당 한가운데로 걸어가려 하자, 어머니는 마당 바깥쪽 으로 가라고 하셨다. 나는 마당 바깥쪽을 따라가다가 우리 아 름으로는 열 명쯤은 팔 벌려서 둘러서야 할 정도로 큰, 대리석 을 깎아서 만든 우물에 가서 물바가지로 물을 한 바가지 떠서 꿀꺽꿀꺽 마셔댔다.

뒤따라 온 어머니에게도 물을 한 바가지 떠드렸다. 어머니는 두어 모금 마시더니, 나보고 "노스님께 인사하고 와서 또 물을 마셔!"라고 하셨다.

노스님과 동자 스님들을 만났다

얼핏 보기에도 나이가 많이 들어 보이는 할아버지 스님이 마루에 앉아 계셨다. 어머니는 그분을 노스님이라고 부르셨다. 나도 어머니처럼 노스님이라고 불렀다. 어머니가 먼저 노스님께 두 손을 모아서 인사를 하고, 나보고도 인사드리라고 하셨다.

집에서 출발하기 전날 밤 부처님이나 스님께 절하는 방법을 어머니한테서 배웠기 때문에 배운 대로 노스님께 절을 했다. 노스님은 작은 목소리로 "네가 새벽부터 고생했구나!"라고 하시며, 내 짧은 머리를 쓰다듬어 주셨다.

노스님은 머리카락이 하나도 없이 반들거렸다. 머리를 깎아서 없는 것이 아니라, 처음부터 머리카락이 하나도 없는 완전

대머리였던 것 같았다. 짧게 깎은 머리카락 자체가 전혀 보이지 않았다. 마치 머리에 기름 발라 놓은 것처럼 반들거렸다. 난 그 순간 노스님이 스님 된 것이 참 잘된 일이라고 생각했다. 머리를 짧게 깎는 번거로움도 없을 테니까!

노스님이 어머니와 나를 쳐다보시더니, 젊은 스님이 물었던 것처럼 "몇 시에 떠났냐?"고 물으셨다. 어머니는 "두 시 반쯤 떠났어요."라고만 말씀하시고, 아까 젊은 스님이 물었을 때처럼 "애가 힘들어해서 많이 쉬는 바람에 늦었어요."라고 내 핑계는 대지 않으셨다. 우리가 늦은 것에 대해 어머니가 또 나를 핑계 삼을까 봐 나는 미리 어머니를 쳐다보며 손가락으로 "X" 신호를 보냈다. 어머니는 눈치가 참 빠른 것 같아서 기분이 좋았다.

머리에 힘들게 이고 왔던 짐 보따리를 어머니가 다시 끌어안으시더니, 내 손을 잡으며 "애야! 법당에 다녀오자!"라고 하셨다.

노스님은 "시장할 테니, 어서 다녀와서 공양하셔!"라고 하셨다. 어머니와 나는 큰 부처님이 계시는 법당으로 올라가서 서둘러 짐 보따리를 풀었다. 엄청나게 무거웠던, 그 짐 보따리 속에는 도대체 무엇이 들어 있을까? 하는 궁금증이 다시 또 생겨 났다. 짐 보따리 속에는 쌀이 담겨 있는 하얀 쌀자루가 있었고, 그 쌀자루 속에는 흰색 굵은 초가 두 자루 함께 있었다.

어머니는 쌀자루를 조심스럽게 들어 앉아계시던 부처님 무릎 밑 단상에 올려놓으시고, 초는 부처님 앞쪽 좌우 촛대에 똑바로 세워 꽂아놓고 성냥으로 불을 붙였다. 정성을 드리는 어머니의 모습을 보면서 왜 어머니가 집에서 출발하여 정혜사에 도착할 때까지 짐 보따리를 함부로 땅바닥에 내려놓지 않으셨는지, 그 이유를 조금은 알 수가 있었다. 부처님께 올리는 소중한 물건이었기 때문에 그토록 정성을 들인 것이었다.

어머니랑 나는 정면 큰 부처님께 절을 세 번씩 하고, 다른 벽에 있는 그림 부처님 쪽으로도 세 번씩 절을 하고 와서 스님들과 함께 아침식사인 아침 공양을 했다. 스님들은 큰 밥그릇 하나에 밥과 반찬을 다 넣고 비벼서 먹는 공양을 하고, 어머니와 나는 스님들과는 다른 특별한 밥상을 받았다. 스님들보다 더 여러 가지 반찬을 밥상 위에 놓고 먹는 아침공양이었다.

절에서 먹었던 식사는 소박하지만 맛이 담백하고도 좋았고, 내 입맛에 딱 맞았다. 제일 빨리 밥을 먹어 치운 스님은 동자 스님이라고 불리던 어린 스님 둘이었다. 그 두 동자 스님은 나보다 한두 살쯤 어린 예닐곱 살 정도 되어 보였다. 동자 스님들은 자신이 사용한 밥그릇과 수저를 깨끗이 닦아서 벽장에 있는 그릇 대에 올려놓고, 멀찌감치 나아 앉았다.

어린 동자 스님들의 어른스러운 행동을 보니, 공양할 때 꾸물대거나, 밥을 흘리면서 먹거나, 자신들이 사용한 그릇을 제대로 닦지 못하면 혼났던 경험이 많았던 스님들 같아 보였다. 내가 사는 마을에서 사는 친구들과는 전혀 눈빛이 달라 보였기 때문이었다.

내가 정혜사 입구에 들어설 때, 그 어린 동자 스님들은 자신들보다도 키가 큰 싸리나무 빗자루를 끌고 다녔었다. 절의 뜰 마당은 그 어린 동자 스님들을 포함한 스님들 덕분에 낙엽 하나 없이 정갈하게 쓸린 것 같았다.

동자 스님들은 어머니, 아버지 없이 혼자된 사람들이며 그 정혜사 절에 누군가에 의해 데려와져서 노스님 손에서 자라는 스님들인데, 불쌍하면서도 기특하신 스님들이라고 어머니가 귀띔해 주셨다.

어머니는 아무리 어린 동자 스님이라도 스님에게는 꼭 존댓말을 해야 한다고 나에게 각별히 주의를 주셨다. 나는 어머니 말씀대로 하겠다는 뜻으로 고개를 몇 번 끄덕였다. 그 동자 스님 중 한 분은 천수경과 반야심경을 신기할 정도로 곧잘 외우고 있었다. 목소리도 또렷또렷하고 맑았다. 어머니가 있는 내가 부러워서 그랬던 것인지, 어머니가 그립고 외로워서 그랬던 것인지, 수시로 나에게 친절하게 다가와서, 이것저것 절간의 생활에 대해 이야기를 해주었고, 나랑 놀고 싶어 하는 눈빛이었다.

아침공양을 마치고, 우물에 가서 바가지로 물을 가득 떠서 마시고 있는데, 어느새 왔는지 그 어린 동자 스님이 따라와서, 나에게 무언가를 가르쳐 주겠다는 듯이 말을 걸어 왔다. 나는 고맙다는 인사로 물 한 바가지를 떠서 건네주자 꿀꺽꿀꺽 시원하게 마시더니, 아까 스님들이 큰 밥그릇 하나에 밥과 반찬을 다 넣고 비벼서 먹던 그릇을 발우라고 부르고, 스님들이 그 발

우에 음식을 담아서 먹는 것을 발우공양 한다고 말하며, 스님들이 발우공양을 하는 이유는 발우에 담긴 마음을 잊지 않기 위해서라고 자상하게 가르쳐 주었다.

어린 동자 스님은 노스님에게서 그런 걸 다 배웠기 때문에 잘 알고 있다고 자랑스럽게 말했다.

동자 스님은 눈빛이 빛났고 똑똑해 보였다

절 입구 쪽의 마당 모퉁이에는 아름드리 소나무가 여러 그루 어우러져 있었다. 그 소나무 아래에는 앉아서 쉬기에 적당한 돌들이 놓여 있어서, 누구에게나 좋은 쉼터가 되어 주었다.

그곳에서 산 아래쪽을 향해서 내려다보면 내가 집에서 출발하여 정혜사에 도착할 때까지의 길이 구불구불 고스란히 드러나 있어서, 이른 새벽부터 먼 길을 힘들게 걸어온 것이 실감이 났다.

노스님과 마루에서 공부하던 동자 스님은 내가 혼자 소나무 아래서 쉬고 있는 것을 보고 내게로 뛰어오더니, 산 아래에 펼쳐진 들녘이 더 잘 보이는 쪽을 나에게 알려 주면서 그곳에서 보면 바다까지 훤히 보인다고 했다. 동자 스님이 알려준 대로 앞쪽을 향해서 멀리 바라보니, 넓은 바다가 한눈에 들어왔다. 참 좋은 전망대라고 생각하며, 한참 동안 바라보았다.

내가 "바다다! 바다가 보인다!"라고 하자, 동자 스님은 이미 다 보아서 알고 있었다는 듯이 내 뒤쪽에 있는 크고 펀펀한 바위에 걸터앉아 나를 보았다. 그리고는 내가 바라보고 있는 방향은 전혀 쳐다보지도 않으면서, "지금 보이는 바다는 서산 앞바다야."라고 했다. 그날처럼 맑은 날씨에는 언제나 서산 앞바다까지 잘 보인다고 하였다.

얼핏 보기에도 몸은 약해 보였지만 눈빛이 빛났고 말이 빨랐으며 똑똑해 보이는 동자 스님이었다. 나는 산 아래 들녘과 바다를 실컷 구경하고 나서 동자 스님이 있는 넓은 바위 위로 올라가 나란히 앉았다. 그 동자 스님이 좋아한다는 다람쥐와 새들에 관한 이야기를 나누던 중 조심스럽게 동자 스님의 이름이 뭐냐고 물었다.

내가 갑자기 스님 이름을 물어보자 동자 스님은 내 얼굴을 힌참 쳐다보더니 이름을 댈까 말까 망설이는 듯 머뭇거렸다. 그러더니 자그만 손에 쥐고 있던 납작한 무지개 사탕을 내 손에 건네주면서 "금성"이라고 했다.

내가 "금성?" 하고 되묻자, 그렇다고 고개만 끄덕였다. 빡빡머리가 부끄러운 듯 고사리 같은 손을 머리에 올려 빡빡머리를 감추려고 하였다. 다시 나와 눈이 마주치자 그렇다고 고개만

한 번 더 끄덕여 주었다.

어린 동자 스님은 이미 어른 스님들이 산 절에 들어오기 전에 있었던 일들을 아예 잊어버리도록 철저하게 가르쳤고, 깊은 산절의 생활에 길들여진 것 같았다. 동자 스님들이 불쌍하게 여겨졌고, 어머니 말씀대로 기특해 보였다. 어린 동자 스님들에게도 나처럼 그들의 어머니가 빨리 와서 함께 살았으면 좋겠다고 생각했다.

어린 시절 어머니가 심하게 꾸중을 하실 때는 싫기도 했지만, 그날은 어머니가 나와 함께 살고 있다는 것 자체만으로도 감사했고 행복했었다. 그날은 이른 새벽부터 어머니를 따라서 나섰다가 죽을 고생을 하였지만, 어머니의 모습과 목소리만 보고 들어도 내 영혼은 마냥 춤을 추고 있었던 것 같았다.

그 후 내가 어린 시절을 보내는 동안 머리를 빡빡 깎은 이 세상의 모든 어린 동자 스님의 이름은 "금성"이었고, 고사리 손에 쥐고 있던 한 개 남은 동그란 무지개 사탕을 아무도 모르게 내 손에 슬쩍 쥐여 주었던 자비로운 동자스님, 바로 금성스님처럼 보였었다.

며칠 후, 어머니랑 내가 노스님께 작별인사를 하는 모습을 먼발치에서 지켜보고 있었던 어린 금성스님은 나와 곧 헤어질 거라는 것을 알아차리고, 미리 절 입구 쪽으로 나와 있었다. 절 입구까지 미리 배웅 나와 있던 어린 동자 스님과 손을 모아 작별 인사를 나누고 돌아서려고 하자, 어린 동자 스님 금성은, "가지 마! 형!" 한마디 던져놓고, 울어지지도 않는 가냘픈 울음으로 나의 발걸음을 멈추게 했다.

나는 다시 뒤돌아서서 어린 스님을 꼭 껴안고 함께 울어주었고, 또 오겠다고 약속을 했다. 어린 동자 스님 금성은 눈물을 훔치며, 그 약속을 지키라는 듯 고개를 힘없이 끄덕이더니, 양 팔로 꼭 껴안았던 나를 놓아주자마자 뒤돌아서 달려가 공양간 쪽 어디론가 자취를 감추어 버렸다.

어머니도 발걸음이 떨어지지 않았던 것은 나와 마찬가지였던 것 같았다. "어린 것들에게 에미가 없으면, 다 그렇지." 하는 어머니의 슬픈 목소리가 내 귀 끝에 살짝 스쳐 지나갔다.

정혜사 산 절문을 나설 즈음, 울어지지 않는 울음소리와 함께 간절한 어린 목소리가 찡하게 들려왔다.

"가지 마! 형!"

어린 내 마음을 찡하게 했던 그 한마디, "가지 마! 형!"은 어린 시절을 살아가는 동안 내 삶 어디에나 줄곧 따라다녔다.
내 어린 시절, 동자 스님이 던져준 그 한마디, "가지 마! 형!"을 마음속으로 되새기고 되새기는 동안, 어머니가 몰래 빚었던 술이 이불 속 단지에서 향기롭게 잘 익어갔던 것처럼, 내 영혼도 조금씩 더 숙성되어 향기로워져 갔었다.

제8장

개구리 합창단 이야기

어린 시절을 보내는 동안
언제 어디서라도
개구리 녀석들의 합창소리가 들려올 때마다,
어린 내 마음은
그날 밤하늘에서 쏟아지는
달빛과 별빛을 받으며,
그 녀석들의 합창소리에 맞추어
춤추는 기분이었다.

논두렁을 치는 날이었다

우리 집 앞 개울물을 건너면, 우리 동네 사람들이 경작하고 있던 넓은 논들이 구불구불 구부러진 논두렁을 사이에 두고서 낮은 계단을 이루며 층층이 펼쳐져 있었다. 그중 우리 가족이 경작하는 논도 여기저기 몇 다랑이 되었다.

어느 해나 마찬가지로 봄이 무르익어갈 땐, 우리 마을 사람들은 모내기를 위해서 논에 물을 가두는 일에 열중하였다. 일 년 중에 절기로 보면, 대략 개구리들이 긴긴 겨울잠에서 깨어나 대지 위로 나온다는 경칩이 며칠 지날 때쯤이면 논에 물 가두기가 시작되었던 것 같다.

논에 물을 가득 가둘 수 있도록, 그리고 가둔 물이 새어나가지 못하도록, 논두렁에 논흙을 떠서 쌓아놓고, 새 옷을 입히듯이 두껍게 흙을 발라 입히면, 논에 물도 가득 가두어지고, 반질반질하여 보기에도 좋았다.

어른들은 그 일을 "논두렁 친다."고 했다. 논두렁 치던 날은 동네 어른들이 몇 명씩 모여서 서로 한 집씩 돌아가면서 도와줬었다. 이렇게 돌아가면서 서로 이웃집 일을 도와주는 것을 "품앗이 한다."고 했다. 매년 연례적으로 봄에 치르는 일 중에 논두렁 치던 일은 아주 중요한 일이었다.

우리 가족도 우리 논을 받치고 있는 논두렁에 새 흙 옷을 입히는 날, 바로 논두렁 치던 날엔 어린 우리 형제들까지 모두 다 동원되었다. 쉽게 말하면 매년 그때쯤 하는 낡은 논두렁 보수 공사였었다.

어느 날 우리 가족도 시기를 놓치지 않으려고 때를 맞추어, 그 논두렁 치는 일을 하였다. 논두렁 치던 일에 나와 바로 아래 동생까지는 조금이라도 도움이 되었지만, 아주 어린 막둥이 동생은 도움이 되기는커녕 오히려 갓 마무리된 물렁물렁한 논두렁에 올라서서 발이 깊이 빠져 깊은 발자국을 내거나, 미끄러져 넘어지며 엉망진창으로 망가뜨리는 바람에 우리 가족은 논두렁 치는 일을 다시 했었다.

막내는 그 죄로 아버지가 호통 치는 꾸중을 들어야 했었고, 아버지의 호통이 시작되자, 꿀밤이라도 한 방 얻어맞을까 봐, 지레 겁을 잔뜩 먹고 줄행랑쳐서 논두렁 끝자락의 큰길로 내빼 버렸었다. 어렸지만 내빼는 훈련만은 고도로 숙달되어 아버지에게 한 번도 붙잡히는 일이 없이 작은 다리로 잘도 내뺐었다. 멀찌감치 논두렁 밖으로 쫓겨나 서성거리고 있어야 했던 어린 막내둥이가 불쌍하게 여겨지기도 했지만, 잘못했으니까 혼나도 싸다고 생각했었다.

저녁녘 해가 저물어 조금씩 짙은 땅거미가 지기 시작하였다. 아버지는 그 막내 녀석 때문에 논두렁 치던 일이 더 늦어진다며 투덜댔었다. 아버지의 투덜투덜하는 말이 좀처럼 끊이지 않자, 어머니는 막내둥이의 입장을 변호하겠다는 생각으로 입을 열었다. "그 어린 것도 거들다가 그런 거니, 그만해요!"라고 대꾸했다가, 아버지는 어머니에게 "새끼 편만 들고 있구먼!" 하고 소리치셨다. 언제나 그랬듯이 아버지가 우리를 혼낼 때면, 어머니는 꼭 새끼 편만 든다고 우리 때문에 덤으로 꾸중을 들었다.

우리 가족 모두 속이 상했던 날이었다

하루 종일 허리가 부러질 정도로 힘들게 논두렁 치는 일이 다 끝나갈 무렵, 막내둥이의 잘못으로 인해 고의가 아니었음에도 아버지랑 어머니께서 싸우시는 바람에 두 분 모두 마음이 상했다.

어린 우리 형제도 논두렁 치는 일을 도우며 고생한 보람도 없이 아버지랑 어머니가 싸우시는 모습을 지켜보게 되어 마음이 언짢았다.

막내둥이는 어린 것이 기특하게도 일을 거든다는 것이 오히려 일을 그르친 죄로 아버지의 꾸중을 듣고 줄행랑쳐 쫓겨나 마음이 상했고, 어머니는 물론 어린 우리 형제까지도 아버지에게 불만스러운 표정으로 대하자 아버지도 속상해하셨다.

우리 가족 모두가 속상했던 그날, 우리 가족은 모두 저녁 식사를 쫄쫄 굶은 채 아버지랑 어머니는 서로 다른 마루 기둥에 등을 기대고 떨어져 앉아 있으셨고, 어린 우리 형제는 방으로 가서 누워 마루와 방 여기저기서 어처구니없다는 듯이 교대로 내쉬는 한숨 소리만 들어야 했었다.

별이 쏟아질 것만 같은 밤이었다

그렇게 밤만 깊어가던 참에 "해도 해도 너무한다."는 어머니의 목소리가 들리더니, 바깥마당 쪽으로 어머니가 걸어 나가는 소리가 들렸다. 속상한 마음이 극에 올랐던 어머니가 무슨 일을 벌일 것 같은 나쁜 생각이 들어 방에서 나와 바깥마당으로 따라 나갔다. 어머니는 어린 우리 형제들이 나오든 말든 쳐다보지도 않고, 옆 마을 너머로 보이는 산 쪽을 바라보고 계실 뿐이었다.

나는 어머니가 바라보던 곳이 어딘지 잘 알고 있었다. 그곳은 내가 외할머니 댁에 갈 때 갔던 방향과 같았고, 외할머니랑 외할아버지 그리고 외삼촌들이 살고 있었던 외가댁이었다.

나는 어머니가 어딜 바라보고 있는지 잘 알고 있으면서도 모르는 척하고 "어딜 그렇게 바라보는 거야?" 하고 물었다. 다른 날은 즉시 대답을 해 주었는데, 그날은 아무 대답 없이 고개를 들어 하늘만 쳐다보시더니, "오늘은 별이 많이 나왔네." 하고 엉뚱한 대답이셨다.

내가 다시 재촉하듯이 "어딜 그렇게 바라보고 있었어?" 하고 물었다. 어머니는 또 대답을 피하시고, 대신에 "너도 하늘을 봐 봐! 별이 참 많이 나왔잖아!"라고 하셨다.

더 물을 수도 없어서, 어머니가 방금 바라보던 곳에 외할머니 댁이 있다고 하자, "아니야, 그냥 별 보러 나왔어.

얘야! 저기 우리 집 지붕 뒤쪽 위를 봐!

저 별이 북두칠성이야!

오줌 바가지처럼 생겼잖아!

별 일곱 개가 꼭 오줌 바가지처럼 보이지?

저 북두칠성 오줌 바가지 손잡이 맨 끝에 있는 별이랑 나란히 있는 저 큰 별이 북극성이란 별이야!" 하시며, 손가락으로 그 반짝이던 큰 별들을 하나하나 가리키셨다. 그러고는 나와 동생들을 쳐다보면서, 북두칠성이나 북극성이 보이는 방향이 언제나 북쪽이라고 알려주셨다.

그 별들이 북두칠성이고 북극성이란 걸 누구에게서 알았느냐고 물었다. 어머니는 "아빠."라고 하셨다. 의아해서 "아빠?"라고 되묻자, 어머니는 "응, 내 아빠. 네 외할아버지 말이야."라고 하셨다.

나는 '그러면 그렇지.' 하는 식으로 고개만 끄덕였다.

그날은 달빛이 밝고 별도 유난히 많이 나와서 대낮처럼 훤히 밝은 밤이었다.

어머니는 잠시 주위를 둘러보시더니, 집 안으로 들어가 밀짚으로 엮어 만든 긴 멍석을 가지고 나와서 바깥마당 한가운데에 펼쳐놓았다. 우리 어린 형제는 신발을 벗고 멍석 위로 올라가 젓가락처럼 나란히 누워버렸다.

별이 얼굴로 쏟아질 것만 같았다. 가끔 별똥이 하늘 이쪽저쪽에서 긴 꼬리를 만들며 알 수 없는 곳으로 떨어졌다. 어린 우리 형제는 별똥이 떨어질 때마다, "저기 또 떨어졌다! 저기 또 떨어졌다!" 하며 환호성을 질러댔다.

그렇게 환호성을 질러대며 놀다가 일어나 보니, 언제 없어졌는지도 모르게 어머니가 없어졌다. 갑자기 긴장되어 어머니를 찾아보니, 누나들과 부엌에서 밥을 챙기고 있었다. 어느새 속상함도 잊고, 별들을 바라보며 놀고 있던 사이에 어머니랑 누나들은 늦은 저녁밥을 챙기고 있었던 것이다.

우리 형제는 다시 바깥마당 멍석으로 나와서 놀고 있었는데, 누나들이 밥과 반찬 몇 가지를 올려놓은 노란 쟁반을 들고 나왔다. 마음이 상할 대로 상한 우리 가족은 밥상도 차리지 않고, 밥과 반찬을 놓은 쟁반을 밀짚 멍석 위에 그냥 놓은 채 식사를 하게 되었다.

어머니는 "이렇게라도 대충 한 끼 때우자." 하시더니, 어린 우리만 먹게 하고, 전혀 드시려고 하지 않으셨다. 내가 어머니도 조금 먹어 보라고 해도 "입맛이 없어서 밥 생각도 없다." 하시며, "엄만 괜찮으니, 너희들이나 어서 먹어!"라고 하셨다. 속상한 마음이 아직 풀리지 않았다는 듯이 "죽도록 일만 하는 어린 것들이 무슨 죄가 있다고. 참, 해도 해도 너무하지."라고 중얼거리셨다.

어린 우리 형제도 마음이 몹시 상해 밥이 잘 넘어가지는 않았지만, 꼬르륵꼬르륵 소리 나던 배를 어느 정도 채우고 어머니랑 누나들이 먹을 것을 남겨둔 채 뒤로 물러나 앉았다. 어머니는 혼잣말로 "제삿밥 먹었구나!"라고 하셨다. 너무 늦은 밤에 밥을 먹다 보니, 마치 밤늦게 조상제사를 지내고 밥 먹은 꼴이라는 뜻으로 하시는 말씀처럼 들렸다.

어머니랑 누나들은 그때까지도 속상한 마음이 조금도 풀리지 않았던 것 같았다. 아무 말 없이 별이 빛나던 하늘만 쳐다보고 앉아 있을 뿐, 밥을 전혀 먹지 않는 것을 보면, 그 마음을 알수 있었다.

방 안에 혼자 계시던 아버지가 미우면서도 또 불쌍하게 생각되어, 내가 아버지에게 가서 "진지 드시고 주무세요!"라고 하자, 아버지도 역시 속상한 마음이 풀어지지 않았다는 듯이 아무 대답도 하지 않으셨고 인기척도 없으셨다.

아버지도 우리처럼 마음이 많이 상했던 것 같았다. 아버지가 우리 어린 형제들에게 작대기 맛을 보여주시거나 꾸짖어서 내쫓

아버린 후에는 늘 혼자 말없이 속상해하셨다. 그러셨던 것을 보면, 아버지도 마음이 독하지 못하고 몹시 여리셨던 것 같았다.

내가 다시 바깥마당으로 나가 멍석 위에 앉자, "얼른 치워라!" 하는 어머니의 힘없는 말에 우리가 먹던 것을 누나들이 치워 버렸다. 밥은 먹었어도 속상한 마음은 좀처럼 가시지 않았다.

우리는 밥을 먹기 전처럼 또 나란히 누워 별이 빛나던 밤하늘만 쳐다보았다.

어머니는 어린 우리 형제에게 해주고 싶은 말이 있다는 듯이 우리 곁으로 바짝 다가와 앉으셨다.

어머니도 논두렁 치던 그날은 아버지에 대한 서운함이 극에 달할 정도가 되었던 것 같았다. 아버지는 이해심이 부족하고 용서하는 마음도 넓지 않은 사람이라고 하며, 어린 우리 형제들에게 아버지에 대한 서운한 마음을 난생처음으로 털어놓으셨다.

평소 어머니 모습과는 전혀 다른 모습으로 보였다. 어머니는 아버지의 말에 대꾸조차 하지 않는 성격이셨고, 더욱이 어머니가 아버지에 대한 불평을 어린 우리에게까지 털어놓는 경우는 한 번도 듣지도 보지도 못했기 때문이었다.

우리 어린 형제는 어머니가 털어놓은 말에 전적으로 동의하는 분위기였다. 왜냐하면 어린 우리 형제의 생각에도 별로 큰 잘못이 아니라고 생각했던 일도 아버지는 용서해주신 경우가 거의 없이 꾸중하시거나 언성을 높이셨고, 어린 우리 형제가 생각하기에도 잘못이라고 생각이 될 정도의 잘못이 있을 땐 우리 형제는 에누리 없이 아버지의 작대기 맛을 봤든지, 아니면 삼십육계 줄행랑을 쳐 밤이나 낮이나 집 주위에 있던 산이나 들로 내빼야 했기 때문이었다.

그럴 때마다 어머니는 많이 속상해하시며, 아버지에게 책잡힐 짓을 눈곱만치도 하지 말라고 어린 우리 형제들에게도 입이 닳도록 주의를 시키셨다.

개구리 녀석들이 어머니의 상한 마음을 녹여주었다

어머니는 아주 작은 목소리로 혼자 중얼거리듯이 뭔가 얘기를 하고 있었다. 그러다 갑자기 "저 녀석들은 뭐가 그렇게 좋다고 밤새 노래를 부르는 거야!"라고 하셨다.

"엄마, 누가 노래를 부르는데?" 하고 묻자, "넌 안 들리니? 저기 논에 있는 녀석들이 아까부터 지칠 줄 모르고 노래를 부르고 있잖아!" 하시며 얼굴을 논 쪽으로 돌려 무언가를 가리키셨다.

자세히 들어 보니, 이건 대단한 합창단원들의 합창이었다. 수백 수천 마리의 개구리 녀석들이 목청이 빠져나가도록 질러 대는 합창은 아무도 흉내 낼 수 없는 최고의 합창이었다.

말 그대로 환상적이었고, 장관이었다. 자세히 귀 기울여 들으면 들을수록 내 영혼마저도 합창 속으로 점점 빠져들어 가서 황홀할 정도로 굉장한 합창이었다.

그런데도 어머니가 "저 녀석들은 뭐가 그렇게 좋다고 밤새 노래를 부르는 거야!"라고 하시기 전에는, 그 엄청난 개구리 녀석들의 합창 소리는 들려오지도 않았었다.

오히려 고요한 달빛과 별들만 헤아리면서, 누워 있는 어린 우리 형제들의 얼굴로 왕창 쏟아질 것만 같은 별들의 잔치만을 즐기고 있었다.

그런 황홀한 무대에서 놀고 싶었다.

개구리 녀석들이 떼를 지어 합창하고 있던 논에는 물이 가득
담겨 있었다. 논에 담긴 물결엔 밝은 달빛과 수억만 개의 별빛이
사정없이 쏟아져 내려, 거대한 은쟁반처럼 은빛으로 반짝였고,
마치 개구리 녀석들이 원 없이 질러대는 합창 소리에 맞추어
살랑살랑 춤추는 것 같이 보이는 멋진 물결이었다.

거대한 은쟁반 속에 꾸며진 야외무대는 그야말로 최상급의
호화스러운 특설 야외무대가 되어버렸다. 수천 마리의 개구리
녀석들이 질러대는 합창 소리에 한참을 넋을 잃고 앉아 있다
보니, 어느새 그토록 속상했던 어린 내 마음은 개구리합창단의
노래 속으로 끌려 들어가 녹아버렸다.

그 녀석들의 환상적인 합창은 아마도 어머니의 속상했던 마
음까지도 조금씩 녹여주고 있던 것 같았다. 어머니도 어느새

속상했던 마음이 어느 정도는 누그러졌는지, 달빛과 별빛을 바라보며 우리 형제에게 어머니 어린 시절에 외할머니에게 들었던 이야기를 들려주셨다.

개구리들의 합창 소리에 어머니도 감격하여 가끔 웃음소리까지 내기 시작하셨다. 내가 너무나도 하찮게 여겨왔던 개구리 녀석들이 어머니의 속상한 마음을 녹여주었다니! 마음이 상할 대로 상해서 도저히 웃을 수 없었던 어머니를 웃게 해준 개구리 녀석들이 참으로 대단해 보였다. 참으로 고마웠던 녀석들이었다.

어머니가 속상해서 우울해하실 때는 세상이 온통 우울하게 보였다가, 어머니의 웃음소리가 들리자 세상은 다시 즐거움으로 가득 찬 곳처럼 느껴졌다. 귀여운 개구리 녀석들이 우리 가족들에게 우울하게 보이던 세상을 즐거움이 가득한 별천지 세상으로 바꿔준 것이었다. 어린 우리 형제들이 아무리 달래려 해도 달래지지 않았던, 어머니의 속상한 마음을 깨끗이 녹여 달래주었다니! 개구리 녀석들이 내 마음을 찡하게 했다.

그 시절 어린 우리들은 아무 죄가 없는 개구리를 잡아다가 똥꼬에 보리피리를 꽂아 입으로 바람을 불어 넣어, 배가 풍선처럼 되어버린 녀석이 뛰어가는 모습을 보면서 배꼽 잡고 웃으면서 좋아하곤 했다. 그 기억이 내 뒤통수를 후려갈기는 듯이 머릿속을 스쳐 지나갔다.

배에 바람을 땡땡하게 불어넣어 고통스러웠을 그 개구리 녀석들을 생각하면, 그렇게 못된 짓을 했던 것이 정말 후회가 되었다. 그래서 어머니에게 그런 나쁜 짓을 했던 것을 다 털어놓았다. 잘못을 다 털어놓으니 마음이 한결 가벼워졌다.

어머니는 아무 잘못도 없는 그 녀석들에게 그렇게 고통을 주는 나쁜 행위를 한 것은 큰 죄를 짓는 것이라고 하시며, 반드시 그 나쁜 행위에 대한 벌을 받게 될 거라고 하셨다. 아무 죄가 없는 그 개구리 녀석들에게 고통을 주는 못된 짓을 저지른 이상 벌을 받아도 싸다고 생각했다.

그날 밤 귀엽고 고마운 개구리 녀석들을 절대로 해치지 않겠다고 어머니에게 약속했다. 어머니도 그건 잘 생각한 것이라며, 날 칭찬해 주셨다. 개구리 녀석들은 우리를 괴롭히는 모기,

파리 등을 잡아먹고 살기 때문에 우리에게 이로운 존재이지, 결코 우리에게 해코지하는 녀석들이 아니라며, 우리 인간들도 아무 죄가 없는 개구리 녀석들을 해치면 절대로 안 된다고 하셨다.

어머니 말씀에 전적으로 공감한다는 뜻으로 고개를 끄덕이며 맞장구쳤다. 어머니가 속상해하실 때마다 그날처럼 그 귀여운 녀석들이 노래를 신나게 불러 대서 어머니의 상한 마음을 따뜻하게 녹여주었으면 좋겠다고 생각했다.

달빛과 별빛이 쏟아져 내리는 황홀한 밤에 최고급 특설 야외 무대에서 노래를 실컷 불러대는 수천 마리의 개구리 녀석들이 어떤 생명체도 흉내 낼 수 없는 환상의 하모니를 이루었고, 정말로 멋져 보였다.

오케스트라 연주자들의 연주로는 아무리 최상급의 연주자들이라고 하더라도 그 개구리 녀석들의 연주를 감히 흉내 내기 어려울 것이었다. 마치 수많은 개구리 녀석들이 머리 위로 쏟아지는 달빛과 별빛에 미쳐버려 소리를 질러대는 것처럼 들렸고, 그렇게 보였다.

　그 개구리 녀석들의 아주 특별했던 연주는 말 그대로 내 어린 영혼을 그 감격의 합창 무대 속으로 밀어 넣어 버렸다.

　그 후 물 담긴 논에서 질러대는 개구리 녀석들의 합창 소리가 들려올 때마다 어린 내 발걸음이 춤추듯이 가벼웠던 것을 생각하니, 아마도 그날 어린 내 영혼은 그 감격의 무대에서 환상적인 개구리 합창 소리와 함께 춤을 추었던 것 같다.

　어린 시절을 보내는 동안 언제 어디서라도 개구리 녀석들의 합창 소리가 들려올 때마다 어린 내 마음은 그날 밤하늘에서 쏟아지는 달빛과 별빛을 받으며 그 녀석들의 합창 소리에 맞추어 춤추는 기분이었다.

제9장

소풍 가던 날

어린 시절, 큰누나가
어머니에게 작은 목소리로 했던 그 말,
"쟤는 잘못이 없어!
그냥 사주고 싶어서 그랬던 거야."라는
말을 떠올릴 때마다,
인정이 많았던 큰누나에게 죄스러웠고,
그날처럼 양쪽 눈에는 눈물이 맺히곤 했다.

아침부터 소풍 갈 준비를 했다

이른 아침에 일어나자마자 상쾌한 아침 바람을 맞으며 동네 공동우물로 달려가 두레박으로 시원한 물을 떠서 세수하였다. 기분이 날아갈 듯이 상큼하고 좋았다. 밤잠을 설치고 아침 일찍 일어난 이유는 그날이 바로 소풍 가는 날이기 때문이었다.

이른 아침부터 즐거운 소풍준비에 바빴다. 큰누나랑 작은누나도 즐거운 소풍을 갈 기분에 아침부터 마음이 들떠 있었던 것 같았다. 아침부터 누나들의 손놀림이 바쁜 것을 보면 알 수 있었다. 어머니랑 누나들은 김밥을 싸고, 가마솥에 고구마를 쪘다.

며칠 전부터 어린 우리 형제가 우리 산에 있던 밤나무 밑에 떨어진 알밤을 주워서 항아리에 모아 두었던 것도 찌그러진 노란 냄비에 물을 조금 넣고 쪘다.

고구마는 우리 집 뒤에 있던 밭에서 갓 캐온 햇고구마여서 달고 맛있었으며, 알밤은 크지는 않았지만 달고 맛있었던 토종 쥐밤이었다. 맛있게 쪄진 알밤을 세 개의 얇은 비닐봉지에 열 댓 개 정도씩 나누어 담은 후 봉지 입구를 묶어 놓았고, 찐 고구마는 서너 개씩 누런 밀가루 포대 종이에 둘둘 말아서 쌌다. 나머지 찐 고구마랑 밤은 동생들이 먹도록 냄비에 남겨 두었다.

나는 어머니랑 누나들이 노란 양은 철판으로 된 네모 도시락에 싸준 김밥과 찐 고구마, 밤을 긴 가방끈이 달린 소풍 가방에 넣고, 힌쪽 어깨에 들쳐 메었다. 우리는 노란 도시락을 "벤또"라고 불렀었다. 아버지는 큰누나에게만 십 원짜리와 오 원짜리 종이돈 몇 장을 소풍 여행 비용으로 주셨다. 어머니는 아버지가 큰누나에게 소풍 여행 비용을 주시는 것을 지켜보시더니, 버스랑 기차를 타고 또 배까지 타고 가서 하룻밤을 자고 오는 애한테 그까짓 몇 푼만 주면 되느냐며, 좀 더 줘야 한다고 하셨다.

아버지는 어머니를 흘깃 쳐다보시더니, 그 돈이면 충분하다고 하며 더 이상 주지 않으려 했지만 어머니의 성화에 못 이겨서 겨우 일 원짜리 몇 장을 더 주셨다. 큰누나는 딱히 불만이 없었던 것 같았다.

작은누나랑 나도 아버지에게 소풍 가는데 돈을 달라고 떼를 썼다. 아버지는 작은누나랑 나에게 오 원짜리와 일 원짜리 종이돈 몇 장씩을 나누어 주셨다. 큰누나에게 돈을 너무 조금 줬다고 어머니가 아버지에게 아무리 말해 봤자, 전혀 통하지 않는 것 같았다.

어머니는 할 수 없다는 듯이 방 안에 있던 쌀 도가니 속에서 돌돌 말아 두었던 손수건 뭉치를 가져와서 펼쳐 보이더니, 십 원짜리 종이돈을 큰누나에게 서너 장 건네주고, 나랑 작은누나에게도 오 원짜리와 일 원짜리 종이돈 몇 장씩을 나누어 주셨다.

큰누나는 버스랑 기차랑 배를 타고 멀리 떨어진 군산으로 소풍 여행을 갔고, 나랑 작은누나는 우리 학교에서 가까운 곳으로 소풍을 갔기 때문에 어머니는 큰누나에게는 추가로 십 원짜리 종이돈 서너 장을 더 주셨고, 나와 작은누나에게는 오 원짜리와 일 원짜리 종이돈 대여섯 장씩을 더 나누어 주신 후, "다치지 않게 잘 갔다가 와!"라고 하셨다. 큰누나는 처음으로 버스랑 기차랑 배를 타 보는 1박 2일간의 소풍 여행이라고 했다.

우리 셋은 가을 아침 햇살을 받으며, 논두렁을 지나서 소풍 출발장소인 학교 운동장으로 서둘러 갔다. 학교 가까이에 갈 때까지 큰누나는 별 불만이 없었던 것 같았는데, 작은누나는 아버지랑 어머니가 소풍 비용을 너무 조금 주었다고 계속 투덜거리면서 걸어갔다. 나도 작은누나 말을 듣고 아버지랑 어머니가 소풍 비용을 조금밖에 안 주셨다고 불만을 말하자, 큰누나가 가던 길을 멈추고 서서, 호주머니 속에서 십 원짜리와 오 원짜리 종이돈 몇 장을 꺼내어 작은누나랑 나에게 나누어 주었다.

작은누나랑 나는 큰누나에게 미안하지만 어쩔 수 없다는 식으로 받아 챙겼지만, 큰누나 얼굴을 보기 민망해서 고개를 숙이고 있었다. 잠시 후 작은누나가 나보고 큰누나에게서 받은 돈을 다시 내놓으라고 해서, 주저할 것 없이 큰누나에게서 받은 돈을 몽땅 작은누나에게 내주자, 작은누나도 큰누나에게서 받았던 돈을 모두 꺼내어 내 것과 함께 큰누나에게 돌려주면서, "멀리 가는데 가지고 가!"라고 했다.

큰누나는 괜찮다며 돌려받지 않으려고 했지만 작은누나가 큰누나의 윗옷 호주머니 속에 그 종이돈을 넣어주었다. 나도 작은누나가 참 잘했다고 생각했다.

큰누나는 땡전 한 푼 없이 소풍 여행을 떠났다

우리 셋은 소풍 출발장소인 학교 운동장 안으로 들어섰다. 벌써 운동장 울타리 쪽으로 물건을 파는 아줌마와 아저씨들이 물건을 펼쳐놓고, 호루라기, 나팔, 풍선, 음료수, 사탕, 과자 등을 불고 보여주며 어린 우리를 유혹하고 있었다.

큰누나가 나에게 음료수와 이것저것을 사주려고 하자 작은누나가 먹을 것이 많다며 못 사주게 했다. 그래도 큰누나는 칠성사이다 한 병, 사탕 한 봉지, 호루라기, 크림 빵 한 개를 사서, 내 가방에 넣어 주었고, 작은누나에게도 칠성사이다 한 병을 사주었다. 내가 대충 계산해 보아도 큰누나의 호주머니는 이미 바닥이 나서 빈털터리였다.

큰누나는 멀리 가기 때문에 먼저 출발한다면서, 선생님들이 부르는 운동장 앞쪽으로 가서 큰누나 친구들과 나란히 줄을 섰다. 큰누나 소풍 여행 보따리에는 달랑 김밥과 찐 고구마, 찐 밤 몇 개밖에 없었고, 아버지랑 어머니에게서 받은 용돈마저도 나에게 이것저것 다 사주어서 빈털터리가 되어버린 것 같았다.

큰누나가 줄 서 있던 곳으로 가서 크림빵을 꺼내주려고 하자, 큰누나 친구들이 나보고 "귀엽다. 너나 먹어!" 하며 꺼내지 못하게 해서 그냥 가지고 있었다.

맘이 편치 않았고, 큰누나에게 미안했다. 큰누나가 너무도 불쌍해 보였기 때문이었다. 큰누나는 줄 맨 뒤쪽에 서서 나에게 손을 흔들며 출발하였다. 나도 손을 흔들며 마음속으로 잘 갔다 오라고 했다.

큰누나는 다른 누나들이 어깨에 메고 있던 소풍 여행 가방도 없이 보자기에 먹을 것들을 싼 소풍 보따리를 허리춤에 둘러차고 맨 뒤에서 걸어갔다.

잠시 후 작은누나랑 나는 선생님들의 지시에 따라 학년별로 운동장에 나란히 줄을 섰다. 작은누나는 출발하기 전에 내가 서 있던 줄로 와서 "넘어지지 말고 잘 갔다 와!"라고 했다. 작은 누나도 내가 소풍 가는 곳과는 다른 곳인, 고산사라는 절이 있는 꽤 높은 산으로 우리보다 조금 먼저 소풍을 떠났다.

작은누나는 소풍을 떠나기 전에 큰누나가 1박 2일로 멀리 소풍 여행을 가는데, 우리 때문에 땡전 한 푼도 없이 떠나서 걱정이라고 내게 귀띔해 주었다. 내가 예상했던 대로 큰누나가 빈털터리로 소풍 여행을 떠난 것이 사실로 드러난 것이었다.

나도 예상은 했지만, 작은누나에게서 막상 그 말을 들으니, 가슴이 철렁하는 것 같았다. 나에게 먹을 것을 너무 많이 사주었기 때문에 큰누나가 땡전 한 푼 없이 먼 곳으로 소풍 여행을 가서 고생할 것을 생각하니, 어린 내 마음은 즐거운 소풍이 아니라, 오히려 가고 싶지 않은 소풍이 되어 버렸다.

그런 침울한 기분 속에 우리 막내 학년도 출발시간이 다 되어 운동장 가운데로 모여 줄을 섰다. 나는 돼지 새끼 한 마리

두 마리 세듯 인원수를 확인하는 선생님의 지시에 따라 줄 맞추어 앉았다 일어섰다 동작을 여러 번 되풀이했다. 하얀 모자를 쓰고 목에는 호루라기를 걸친 선생님을 따라 드디어 우리도 출발했다.

우리가 소풍을 떠나는 곳은 학교에서 빤히 바라다볼 수 있는 "저울산"이라고 불렀던 학교 앞산이었다. 어른들은 산의 생김새가 뽀쪽하게 저울추처럼 생긴 산의 모양을 보고 "저울산"이라고 불렀던 것 같다.

교문을 나서자, 교문 입구부터 코스모스 꽃들이 피어서, 소풍을 떠나는 어린 우리에게 손을 한들한들 흔들어 주는 것처럼 느껴져 기분이 좋았다. 어린 우리는 길 한쪽을 따라 두세 줄로 줄을 맞추어 서서 걸어갔다. 호루라기와 나팔을 신나게 불어대면서 노래도 부르고 떠들며 걸어갔다.

친구들이 땅벌에 쏘였다

이십여 분쯤 걸어가다 저울산 입구에서 멈추어, 학교에서 출발할 때처럼 인원수를 확인하고 뿔뿔이 흩어져 쉬었다. 쉬는 도중에 친구 여러 명이 벌에 쏘여 나뒹구는 바람에 즐거운 소풍 길의 쉼터가 아수라장이 되어버렸다. 친구 한 녀석이 오줌을 싸러 갔다가 벌집을 건드린 것이 화근이었다.

벌들은 우리를 공격하기 위해 새까맣게 날아와 사정없이 닥치는 대로 쏘아댔다. 피로를 풀며 잠시 쉬려고 했던 쉼터가 여기저기서 친구들이 나뒹굴며 질러대는 비명과 함께 순식간에 아수라장으로 변했다. 어떤 친구는 뒤통수에 두 방씩이나 벌에 쏘였고, 벌에 쏘인 친구들은 뒤통수와 이마 등이 밤알 크기로 붉게 부어올랐다.

나는 다행히도 벌집으로부터 좀 떨어진 곳에서 쉬었기 때문에 벌의 공격을 받지 않았다. 벌에 쏘인 친구들에게는 즐거운 소풍 길에 잠시 쉰다는 것이 재수 없게도 날벼락 맞은 격이었다. 우리를 혼내준 벌은 땅벌이라고 하는 아주 작은 벌이었다. 그 땅벌은 땅속에 집을 짓고 사는데, 몸집은 작지만 벌 독이 아주 독해서 한번 쏘이면 엄청나게 아픈 벌이다.

우리는 서둘러 자리를 옮겨서 인원수를 확인하고, 곧바로 목

적지인 저울산 정상 쪽을 향해서 줄지어 출발하였다. 우리 일행은 이십 분쯤 더 올라가다가 편평한 자리를 찾아서 다시 쉬었다. 몇몇 친구는 벌써부터 숨이 목까지 차서 힘들어하는 친구들도 있었고, 벌에 쏘인 친구들은 여전히 괴로워하며, 찬물에 적신 손수건을 뒤집어쓰고 앉아 있었다. 벌에 쏘여 아파하던 친구들이 안쓰러웠다.

소풍의 목적지에 도착했다

다리 통증이 채 가시지도 않았는데 어느 선생님이 "출발!" 하고 외쳤다. 우리 일행 대부분은 "출발!"을 따라 외치면서 자리에서 일어나 줄을 서서 인원수를 확인하였다. 어디 갔다 꼭 늦게 오는 한두 녀석 때문에 우리는 앉아 일어서를 여러 번 반복하였다. 없어졌던 친구들이 도착하면, 선생님이 농담조로 가볍게 꾸중 한마디 하시고 출발하였다.

즐거운 소풍 가는 날이었기 때문에 늦게 온 친구들에게도 그 날만큼은 선생님도 무섭게 혼내지는 않았던 것 같았다.

또 한참을 올라가다가 운동장처럼 넓은 장소가 있어서 쉬었다. 우리 일행이 올라가던 저울산의 중간에서 조금 더 오른 정도였다. 선생님은 우리의 목적지가 그 저울산의 정상이라고 하자, 그 말이 끝나기도 전에 우리 일행 중 몇 녀석은 더는 죽어도 못 가겠다는 듯이 땅바닥에 퍼져버렸다.

선생님이 우리에게 겁을 주기 위

해서 목적지에 도착했으면서도 장난삼아 거짓으로 우리의 목적지는 산의 정상이라고 말씀하셨던 것이었다. 선생님은 잠시 머뭇거리시더니, 여기가 오늘 우리 일행이 놀다가 갈 곳이라고 하셨다. 선생님이 우리 일행이 즐거운 소풍의 목적지에 도착했다는 것을 선포하는 식으로 말하자, 우리 일행은 힘들어 죽을 것 같다는 듯이 비명이 섞인 목소리로 환호성을 질러댔다. 이른 아침부터 설레던 소풍의 목적지에 어느덧 도착한 것이었다.

자리를 잡고 앉자마자, 발뒤꿈치의 껍질이 까진 부위가 너무 아파서 운동화부터 벗어버렸다. 어머니가 길들여진 낡은 운동화를 신고 가라고 했는데도 생고집 부리며 새 운동화를 신고 온 것이 엄청 후회되었다.

몸은 지치고 발뒤꿈치는 껍질이 벗겨져 아팠지만, 어쨌든 목적지에 낙오되지 않고 왔다는 것에 기분이 좋았다. 게다가 나는 벌도 쏘이지 않았으니, 행운이었다.

점심을 맛있게 먹었다

선생님들은 우리 일행이 모두 도착한 것을 확인하시고는 "휴식!" 하고 외치셨다. 우리는 "휴식!" 하고 즐거운 비명을 지르듯이 복창하며 몇 명씩 여기저기 모여 둘러앉아서 힘들게 들고 올라왔던 김밥, 고구마, 빵, 밤 등을 밥도둑이 훔쳐 먹는 것처럼 먹어치웠다.

선생님들은 어머니들이 싸주신 김밥, 과일, 음료수 등을 땅바닥에 깐 신문지 위에 펴 놓고 빙 둘러앉아서 드셨다.

어머니들은 선생님들이 드시는 곳에서 조금 떨어진 곳에 모

여, 웃고 이야기하며 점심을 드셨다. 우리 어머니는 밭일이 바빠서 오시지 않았다. 어머니는 내 김밥을 두 가지 형태로 싸주셨다. 자르지 않은 순대처럼 긴 것은 내가 먹고, 토막토막 자른 순대처럼 생긴 것은 선생님 드리라고 어머니가 따로따로 싸주셨다.

나는 어머니가 선생님께 드리라고 별도로 싸주신 김밥을 소풍 가방에서 꺼내 들고 선생님들이 빙 둘러앉아서 재미있게 이야기하며 식사하시는 곳으로 살금살금 다가갔다.

좀 더 가까이 다가가자, 선생님들이 드시고 있던 김밥이 눈에 들어왔다. 어머니가 싸주신 김밥과 선생님들이 드시고 있던 김밥은 모양새부터 전혀 다르게 보였다.

선생님들이 드시던 김밥 속에는 노란 계란, 야채, 당근 등 여러 가지가 들어 있고, 보기에도 맛있게 보였다. 어머니가 싸주신 김밥 속에 들어 있던 것은 참기름과 깨소금을 넣은 간장이 전부였다.

내가 보기에도 맛이 천지 차이일 것 같았다. 어머니가 만들어준 선생님 김밥을 내놓아 봤자 선생님들의 인상만 구겨질 뿐, 전혀 드시지 않을 것 같은 생각이 들었다. 나는 더 이상 망설일 것 없이 슬그머니 뒷걸음쳐서 내 자리로 돌아와 아무 일도 없었다는 듯이 앉은 후 어머니가 선생님께 드리라고 만들어 주신 김밥까지 친구들이랑 나누어 다 먹어 치웠다.

난 어머니가 만들어준 김밥이 정말로 맛있었다. 간장 냄새가 많이 났지만, 참기름과 깨소금 냄새도 많이 나서 고소하고 맛있었다. 친구들도 내 김밥이 맛있다고 하며 잘 먹었다.

김밥을 다 먹고, 가방에서 크림빵을 꺼내어 먹으려고 하니 갑자기 내 크림빵 때문에 빈털터리로 멀리 소풍 여행을 떠난 큰누나가 생각이 나서 울컥하여 친구들에게 들킬 뻔했다.

하얀 크림이 가운데에 듬뿍 들어 있던 크림빵은 정말 맛있었다. 친구들과 크림빵을 나누어서 먹고, 시원한 칠성 사이다도 내 옆에 앉아 있던 친구가 이빨로 따줘서 한 모금씩 돌아가며 마셨다.

찐 밤은 하나씩 나누어서 먹었는데, 목이 마르고 밤 속껍질을 씹어서 입안이 텁텁해졌다. 함께 둘러앉아서 김밥을 나누어 먹은 친구가 가지고 온 환타 한 모금을 얻어 마셨더니, 텁텁했던 입안이 좀 개운해지는 것 같았다.

갑자기 "모여라!" 하는 선생님의 목소리가 들려서, 어린 우리 일행도 "모여라!" 하고 따라서 외쳤다. 우리 모두는 넓은 장소의 중간에 모였다. 노래나 춤 등 재주 있는 친구들이 나와서 우리를 즐겁게 해주는 장기자랑 시간이었다.

선생님은 제일 먼저 여러 가지 재주가 많았던 친구 동천이를 불러서 가운데에 세워놓고 노래부터 시켰다. 나와는 부모님 때부터 특별한 인연이 있는 친구이자 삼촌인 동천이는 기다렸다는 듯이 뛰어나와서 어른들의 노래를 어른스러우면서도 멋지게 불렀다. 선생님들이랑 친구 어머니들도 박수를 치며 즐겁게 따라 불렀다.

우리도 박수를 치며 소리를 질러 분위기를 띄웠다. 동친이는 노래를 두세 곡 불러댔다. 부끄럼도 타지 않고 인사까지 하는 동천이가 제일로 멋져 보였다.

선생님도 얼굴을 붉히며 가운데로 나와 서서 폼을 잔뜩 잡고 노래를 구성지게 불렀다. 친구 어머니들은 배꼽을 쥐고 웃으며 박수를 쳐댔다. 여자 친구들은 선생님이 노래를 시킬까 봐, 지레 겁을 먹고 도망쳐 큰 바위 뒤에 숨었다가 나오는 친구들도 있었다.

나는 춤을 추거나 노래를 부르는 재주가 없다는 것을 선생님들이 잘 알고 있었기 때문에 시키지 않았다. 하지만 갑자기 시키면 어떻게 할까 하고 은근히 겁도 집어먹었다. 나는 노래나 춤을 춰 보라고 시키지 않은 것을 다행으로 생각하고 고맙게 여겼다.

운 좋게 숨은 보물 쪽지를 찾았다

즐거운 장기자랑 시간이 끝나자 곧바로 숨은 보물찾기 시간이 되었다. 모두 한자리에 모였던 어린 우리는 선생님의 호루라기 소리에 잽싸게 흩어져 바위틈, 나뭇가지 위, 돌멩이 밑 등 여기저기에 숨겨놓은 보물 쪽지를 찾아 헤맸다.

나는 운이 좋게도 바위틈새에서 두 번 접힌 하얀 쪽지 하나를 발견했다. 쪽지를 펼쳐보니 "공책 두 권"이라고 적혀 있었다. 선생님께 쪽지를 보여드리자, 공책 두 권을 주셨다.

날아갈 듯 좋아진 기분으로 그날 소풍의 마지막 놀이였던 숨은 보물 쪽지 찾기 놀이까지 다 끝냈다. 아쉬웠지만 집으로 돌아가기 위해서 다시 모였다.

선생님은 우리 일행이 놀던 곳을 깨끗이 청소해야 한다며, 휴지 등 쓰레기를 모두 줍도록 하셨다. 우리는 줄을 지어 왔다 갔다 하며 쓰레기를 모조리 주워서 조금씩 나누어 들었다.

우리는 처음 떠날 때처럼 줄을 서서, 앉아 일어서를 여러 번 반복하며 인원수를 확인하고 나서야 하산하기 시작했다. 나는 산에서 내려오기 시작할 때, 숨은 보물찾기에서 받았던 공책 한 권을 보물을 한 개도 찾지 못한 친구에게 주었다. 친구가 괜찮다고 하며 받지 않으려고 하는데, 내 공책을 하나씩 나누어 갖자고 하자 그제야 받으며 고맙다고 했다. 그 친구는 재수 없이 뒤통수에 벌을 두 방씩이나 쏘여서 고생을 엄청나게 했던 친구였기 때문에 내 공책 한 권을 건네주고 나니, 내 마음이 훨씬 가벼워졌다.

어린 우리 일행은 기진맥진하여 길게 늘어진 대열로 학교 운동장에 도착하였다. 다시 또 인원수를 확인하고 이상이 없자, 선생님이 각자 집으로 잘 가라고 하셨다. 선생님께 인사하고 집으로 걸어오는데, 마치 누군가가 내 발목에 돌덩어리를 매달아 놓은 것처럼 발걸음이 무거워서 걷고 싶지 않았다. 간신히 한 발 두 발 걷다 보니, 어느새 집에 도착하였다.

집 안으로 들어서자마자, "엄마!" 하고 불렀더니 집 안에 대답하는 사람이 아무도 없었다. 갑자기 기분이 우울해졌다. 어머니가 도대체 어디에 있을까? 하고 생각해 보다가 어머니가 있을 거라고 생각한 밭으로 달려갔다.

산 밑에 있는 밭 한쪽 모퉁이에 하얀 무언가가 눈에 들어오자 틀림없이 어머니가 맞을 거라고 생각하고 어린 강아지가 질주하듯이 달려갔다.

내 예감이 딱 맞아떨어졌다. 바로 내가 찾던 어머니였다. 어머니는 하얀 수건을 머리에 두르고, 허름한 옷 하나 걸치고, 땀을 흘리며 풀을 매고 계셨다. 어머니는 내가 소풍을 떠난 아침부터 그때까지 그 밭에서 종일 풀을 매고 있었던 것 같았다. 어머니에게 소풍 잘 갔다 왔다고 인사를 했다.

어머니는 "다친 곳은 없냐?" 하고 물었다.

난 "발뒤꿈치만 조금 까졌을 뿐, 괜찮다."고 했다.

어머니는 까진 발꿈치를 보시더니, "이럴 줄 알았지. 아주 고소하다."라고 하시며, 날 놀려댔다.

어머니의 말을 듣지 않고, 내가 고집을 부리며 새 운동화를 신고 간 것이 잘못이라고, 날 비웃는 어투로 생고집을 부린 죄로 그렇게 아픈 벌을 받는 것이라고 하시며 꾸짖으셨다.

나도 동감했다. 소풍을 가고 오는 동안 얼마나 발이 불편하고 아팠던지 운동화를 벗어서 버리고 싶을 정도로 새 운동화를 신고 간 것이 후회막심했기 때문에 어머니의 꾸중에 한마디 대꾸도 하지 못하고, 전적으로 내 잘못을 뉘우쳤다.

어머니는 어린 내가 아파하는 모습을 밀없이 물끄러미 바라보시더니, "이 바보야! 엄마 말만 잘 들으면, 자다가도 떡 얻어먹어!"라고 하셨다. 내가 생각하기에도 어머니 말이 맞는 것 같았다. 어머니는 껍질이 까진 발뒤꿈치에 고운 흙을 살살 뿌려 주시면서 "조금만 참고 있어! 괜찮을 거야!"라고 하시며, 날 안심시켜 주셨다.

상처 부위에 흙을 뿌려주자, 처음에는 몹시 쓰라리다가 시간이 좀 지나면서 물기가 없어지더니 통증도 점점 없어졌다. 어머니는 참 재주가 많다고 생각했다.

나는 발뒤꿈치 상처의 쓰라림이 어느 정도 가시자 친구들이 땅벌에 쏘여 나뒹굴었던 이야기, 장기자랑 이야기 등 소풍 가서 있었던 이런저런 이야기들을 어머니에게 털어놓았다. 어머니는 밭고랑의 풀을 매시면서, 내 이야기를 다 들어주시더니, "왜 땅벌에 쏘였어?" 하고 물으셨다.

나는 우리 어린 일행들이 소풍 가던 중 산 입구에서 잠시 쉬고 있는데, 땅벌들이 갑자기 달려들어서 쏘아 댔다고 말했다. 어머니는 "그게 아닐 거야! 분명히 너희들이 먼저 땅벌들을 건드렸을 거야!"라고 하셨다.

나는 추호도 우리가 먼저 땅벌들을 괴롭히지 않았고, 친구한 녀석이 풀이 우거진 곳으로 오줌 싸러 갔다가 땅벌 집을 건드렸던 것 같다고 주장했다. 내 말이 떨어지기가 무섭게 어머니는 "바로 그게 화근이 되었을 거야!"라고 하시며, 우리 일행

중 누군가가 먼저 실수로라도 땅벌들의 집을 밟았거나, 내가 말한 대로 친구 한 녀석이 땅벌들의 집에 오줌을 싸버린 것이 결국은 땅벌 가족들을 화나게 했기 때문에 땅벌들의 공격을 받은 것이라고 하셨다.

어느 벌이나 절대로 아무 이유 없이 사람을 공격하는 법이 없다고 하시면서, 오히려 아무 죄 없이 자신들이 살고 있던 집을 짓밟혔거나, 오줌을 뒤집어쓴 땅벌들이 깜짝 놀랐고, 더 억울했을 것이라고 하셨다. 우리가 죄 없는 땅벌들을 괴롭혀 놓고서, 되레 억지 부리며 그 땅벌들을 미워하거나 원망해서는 절대로 안 된다고 충고해 주셨다.

가만히 생각해 보니, 그 전에도 우리 집 뒤쪽에 서 있던 커다란 참나무 밑동 부분에 큰 구멍을 파서 집을 짓고 살던 왕벌늘도 우리가 건드리지 않으면 자기들끼리 붕붕거리며 잘 놀고 있다가, 우리 형제들이 벌집에 돌을 던지는 등으로 그 녀석들을 괴롭히면, 그제야 우리 형제들을 공격하려고 떼로 날아와 덤벼들었던 경험이 있었기 때문에 어머니의 말씀이 쉽게 이해가 되었다.

어머니의 말씀은 우리 어린 친구들이 그날 땅벌에 쏘인 것은 우리 일행 중 한 녀석의 실수로 생긴 잘못이지, 결코 땅벌들의 잘못이 아니었을 거라는 것이었다. 어찌 되었든지 간에 친구 한 녀석이 고의로든 실수로든 먼저 땅벌들을 화나게 만든 것이, 그날 어린 친구들이 땅벌에 쏘여 나뒹굴었던 사건의 발단이 되었다는 것을 알 수 있었다. 어머니는 여하튼 명 재판관처럼 보였다.

어머니를 위한 거짓말을 했다

밭고랑에 앉아서 발뒤꿈치의 상처를 만져보며 아파하던 나를 어머니는 좀 애처롭다는 눈빛으로 한동안 쳐다보시더니 "엄마 말 안 듣더니, 꼴좋다!"라고 하시면서, 소풍 가던 그날 아침부터 새 운동화를 신고 가겠다고 생고집을 부려댔던 나를 놀려대는 식으로 꾸짖으셨다.

어머니는 갑자기 무슨 생각이 들었다는 듯이, 발이 아파서 비스듬히 앉아있던 내 어깨를 손으로 툭 건드리셨다. 내가 아픈 목소리로 "어, 왜?" 하고 반응을 보이자, 어머니가 선생님께 드리라고 싸주신 김밥을 잘 갖다 드렸느냐고 물으셨다. 난 망설일 것 없이 잘 갖다가 드렸고, 어머니가 싸주신 김밥을 선생님들이 제일 맛있다고 하시면서 다 드셨다고 했다.

어머니는 "그것 봐라!" 하시며 흐뭇해하셨다. 어머니가 분명히 물으실 것을 대비하여, 선생님께 드릴 김밥을 친구들이랑 다 먹어 치울 때, 혼자 맘속으로 대답을 준비해두었기 때문에 망설이지 않고 그렇게 대답을 할 수가 있었다. 어머니가 싸주신 김밥에 관한 이야기를 사실 그대로 말하면, 어머니가 너무도 실망하시고 속상해하실 것 같았다.

어머니가 만들어 주신 선생님의 김밥에 관해서 물으시면, 무조건 그렇게 거짓말을 할 작정이었다. 그것이 이른 아침부터 정성을 들여서 선생님의 김밥을 만들어주신 어머니를 슬프게 하지 않을 수 있는 유일한 방법이라고 생각했기 때문이었다.

만약에 어머니가 그날 산에서 선생님들이 드셨던, 예쁘고 맛있게 생긴 그런 김밥을 보셨거나 먹어 본 적이 있었더라면 어머니도 틀림없이 그런 김밥을 만들어 주셨을 텐데, 어린 내 생각에는 어머니도 나처럼 그날 산에서 선생님들이 드셨던, 그런 김밥을 보시지도 먹어 보지도 못했던 것 같았다. 어머니 머릿속에 새겨졌던 김밥은 어머니가 그날 깨소금 간장을 넣어서 만들어 주신 김밥이 전부였고, 바로 그 김밥의 생김새와 맛이 최고일 거라고 생각하셨는지도 모른다.

어찌 되었든 그런 어머니 덕분에 나는 선생님이 드실 김밥까지 배가 터지도록 먹었으니, 일석이조였다. 말 그대로 꿩 먹고 알 먹는 기분이었다. 어린 나는 어머니가 나의 거짓말을 듣고 "그것 봐라!" 하시며, 흐뭇해하시는 것을 보고 거짓말을 한 것이 참 잘했다고 생각했다. 거짓말도 이렇게 착한 일이 될 수 있었다는 것이 참으로 다행스러웠다. 거짓말을 하는 것은 무조건 다 잘못이라는 말이야말로 진짜 거짓이라는 걸 알게 되었다. 거짓말도 착한 마음으로 하면, 좋은 일이 될 수 있다는 사실을 깨닫게 되었다.

어머니를 슬프게 하지 않기 위해서 그때 거짓말을 했던 것이 어린 시절을 보내는 동안 내 마음속 깊이 따뜻하게 새겨져 있었다.

내가 소풍을 갔다 온 다음 날 저녁때쯤, 큰누나가 소풍 여행을 다녀와서 어머니에게 이야기보따리를 재미있게 다 털어놓았다. 나도 어머니 옆에 앉아서 듣고 있는데, 큰누나가 소풍 여행을 떠날 때 운동장에서 나에게 이것저것 사주다 보니 땡전 한 푼도 없는 빈털터리가 되어 멀리 소풍 여행을 떠나게 되었다는 이야기도 꺼냈다. 순간적으로 부끄러움과 미안함이 찡하게 느껴져서 얼굴을 들 수가 없었다.

어머니는 "멀리 가는 애가 왜 그렇게 했어!" 하시고는 따뜻한 말로 큰누나를 위로해 주었다. 나는 어디에 쥐구멍이라도 있으면 들어가서 숨어 버리고 싶은 심정이었고, 큰누나에게 미안했다.

나도 모르게 양쪽 눈에서 눈물이 주르륵 흘러내리는 것을 큰누나가 슬쩍 쳐다보더니, "쟤는 잘못이 없어! 그냥 사주고 싶어서 그랬던 거야."라고 어머니에게 자그마한 목소리로 말했다. 그럼에도 나는 죄스러움을 감출 수가 없었다.

어린 시절, 큰누나가 어머니에게 작은 목소리로 했던 그 말, "쟤는 잘못이 없어! 그냥 사주고 싶어서 그랬던 거야."라는 말을 떠올릴 때마다 인정이 많았던 큰누나에게 죄스러웠고, 그날처럼 양쪽 눈에는 눈물이 맺히곤 했다.

　그날 큰누나가 어머니에게 털어놓았던 '땡전 한 푼 없이 떠난 소풍 여행 이야기'는 어린 시절을 보내는 동안, 내 기억 속에서 좀처럼 잊히지 않았고 늘 내 삶을 따라다니며 나를 조금씩 철들어가게 해주었다.

제10장

큰외삼촌이
집을 지어주던 날들

그날 밤은
내 얼굴을 빤히 쳐다보시면서,
어머니에게 "저 녀석들 잘 키워!
그리고 아프지 말고 잘 살아!"라고 하시던,
큰외삼촌의 자상하신 모습이 어른거려,
잠 못 이루는 밤이면서,
내 영혼이 형제간의 우애를
조금씩 알게 되는 소중한 밤이었다.

내가 태어난 초가집을 헐다

우리 가족은 나지막한 산자락에 초라하게 서 있던, 바로 내가 태어난 초가집을 헐기로 했다. 집을 헐기 전에 가재도구들을 옮기기 위해 우리 가족은 집 앞마당 옆에 있는 작은 텃밭에 비닐하우스를 지은 후, 땅바닥에는 비닐을 몇 겹으로 겹쳐서 깔고, 그 위에 베니어판을 깔아서 임시로 살림할 집을 지었다.

길게 세워진 비닐하우스의 뒤쪽은 살림집으로 사용하고, 앞쪽은 새집을 짓기 위한 목재를 다듬는 목공소로 사용하기 위해서 목수로 일하시는 큰외삼촌이 오셔서 며칠 만에 뚝딱뚝딱하시더니 살림하는 데 전혀 불편함이 없을 정도로 꽤 근사한 집을 만들어 주신 것이었다.

　내가 태어나고 살던 초가집은 너무도 낡아서 동네 어른 서너 명이 지붕을 걷어내고, 기둥 몇 개를 넘어뜨리자, 맥없이 주저앉아버렸다.

　낡고 낡은 초가집이었지만, 막상 내가 태어나 살던 집이 헐리는 모습을 보자, 나도 모르게 마음이 찡하면서 눈물이 울컥해서 참느라고 힘들었다.

　옛 초가집이 헐리는 동안 현장의 모든 지휘는 목수인 큰외삼촌이 했다. 모든 어른이 큰외삼촌의 명령에 따라서 움직일 뿐이었다. 내가 지켜보는 중에도 위험한 상황이 여러 차례 있었지만, 아

무 사고 없이 옛집을 해체하는 데 성공했다. 한편으로는 서운하면서도 정말 다행스러웠다. 불과 하루도 걸리지 않아서 내가 살던 정든 초가집은 내 기억 속에 아쉬운 흔적만 남기고, 영원히 사라져 버렸다.

큰외삼촌은 조각의 신이었다

그 다음 날엔 옛 초가집이 서 있던 그 자리에 작은 말뚝을 몇 개 박아서 세우고, 말뚝과 말뚝 간 노끈을 매어 새집을 지을 터를 잡았다. 큰외삼촌은 비닐하우스 한쪽에 자리 잡은 간이목공소에서 특별한 기계도 없이 도끼, 자귀, 대패, 톱, 망치, 끌, 줄자, 먹통과 먹줄 등의 연장만을 가지고 큰 기둥과 대들보부터 자르고, 깎고, 홈을 파고, 다듬어서 준비를 하셨다.

동네 어른들은 큰외삼촌을 부를 때, 김 대목장님이라고 부르셨다. 난 큰외삼촌이 집 지을 재목을 준비하는 동안 이것저것 신기하고 궁금했던 것들을 많이 물어보았다.

큰외삼촌은 큰 대들보나 기둥으로 사용할 나무들을 깎고 다듬을 때는 허리를 반듯하게 편 채로 멀찌감치 서서 나무를 비껴 찍어가면서 다듬는 긴 자루가 달린 자귀를 즐겨 쓰셨다. 큰 나무를 뉘어 놓고, 먹물 줄을 튕겨서 가느다란 줄을 그은 다음, 그 긴 자루가 달린 자귀로 나무 위에 새겨진 검은 줄의 정 가운데를 따라 찍어나가는 솜씨를 구경하다 보면, 큰외삼촌은 정말로 신의 경지에 오른 진짜 신처럼 보였다.

내가 가까이 다가가서 구경하려고 하면, 버럭 고함을 치셨다. 위험하기 때문이었다. 큰외삼촌이 연장으로 나무를 찍을 때마다 사방으로 튕겨 나가는 나무 쪼가리들은 여기저기로 날아서 제멋대로 처박혀 버렸다. 여기저기로 날아가 처박히는 나무 파편들을 보면, 그 일이 얼마나 힘들고 위험한 일인지 실감 났다.

한참 동안 나무를 찍어 땀이 온몸에 범벅이 되자, 목에 감고 있던 수건으로 얼굴을 닦으시면서, 다치면 어쩌려고 그렇게 가까이 다가오느냐며 나에게 꾸중을 하셨다.

꾸중에도 아랑곳하지 않고, 나는 신기하다는 듯이 "어떻게 그렇게 가느다란 먹물 줄의 정 가운데를 따라서 찍어댈 수 있어요?" 하고 여쭈었다.

큰외삼촌은 뭔가 작심한 것처럼 찍고 깎아서 다듬던 큰 기둥에 걸터앉으시더니, "무슨 일을 하든지, 한 우물을 파라! 남들이 열 번 하면, 넌 백 번을 하고, 남들이 백 번을 하면, 넌 천 번을 해라!"하고 잔잔한 목소리로 말씀해주셨다. 나는 무슨 뜻인지도 모르면서, 알았다는 듯이 그저 고개만 끄덕였다.

큰외삼촌은 잠시 말을 멈추시더니 "너, 나 따라서 목수 일 배울래?"라고 물으셨다. 난 깜짝 놀란 채, 죽어도 큰외삼촌을 따라갈 수 없다는 생각이 들어 조금도 망설이지 않고 "싫어요!"라고 대답했다. "그럼 뭐가 되고 싶냐?"라고 되물으시기에 얼떨결에 "선생님요!"라고 얼버무리고 말았다.

큰외삼촌은 대견스럽다는 듯이 "선생님 좋지! 열심히 공부해야 선생님 된다. 선생님 꼭 돼라!"라고 말씀하시더니, "쉬었으니 또 시작하자! 넌 멀찌감치 서서 구경해라!"라고 하시면서, 또 신만이 해낼 수 있을 법한, 그 일을 계속하셨다.

큰외삼촌은 깡마르시고 체격이 작으신 분인데, 연장으로 나무를 찍을 때는 어느 천하장사보다도 힘이 센 분처럼 보였다.

며칠이 지나자, 이른 아침에 목수 한 분이 자전거에 연장을 싣고 오셨다. 그분을 큰외삼촌과 동네 어른들은 윤 목수라고 불렀다. 큰외삼촌이 지시하면, 뭐든지 큰 목소리로 대답하고 실행에 옮기는 것을 보아, 큰외삼촌으로부터 목수 일을 배운 제자처럼 보였다.

　윤 목수라는 분은 주로 작은 서까래 용도로 쓸 나무들을 자르고 다듬었다. 큰외삼촌의 연장 다루시는 솜씨에 비하면, 아직 한참 멀었다는 느낌이 들었다.

　큰외삼촌과 윤 목수가 이십여 일간 대들보, 기둥, 서까래 등의 용도로 다듬어서 준비한 재목들은 동네 어른들이 어깨에 메어서 집터로 옮겼다.

드디어 새집이 드러나다

　큰외삼촌과 윤 목수님이 땀 흘려가며 깎고 다듬은 재목들이 하나둘 서로 기대며 맞추어지자, 점점 위풍당당한 집의 형태가 갖추어지기 시작했다.

새로 집이 지어지는 광경은 말 그대로 장관이었다. 준비된 재목들은 한 치의 틈새도 없이 딱딱 들어맞았다. 마치 거대한 조각품을 짜 맞추는 것만 같아 신기했다. 큰외삼촌이 며칠 전 내 부탁으로 도화지에 미리 그려 주셨던 집과 똑같이 생긴 집이 태어나고 있었다.

동네 어른들도 "어쩜, 저렇게 잘 맞추어지냐?"면서 감탄사를 연발했다. 못 하나 사용하지 않고 집이 지어지는 모습에 놀란 표정들이었다.

아버지도 어머니도 덩실덩실 춤이라도 추고 싶다는 표정이었다. 그때 난 우리 가족 아무도 모르게 나 혼자만 가지고 있었던 그림, 바로 도화지 위에 연필로 그려진 새로 지어질 집을 어머니에게 살짝 보여드리자, 어머니는 "누가 그려줬냐?" 하고 물으셨다.

나는 큰외삼촌에게 우리 집을 어떻게 지을 것인지 그려 달라고 했더니, 큰외삼촌이 집을 이렇게 지을 거라면서, 연필로 그려주셨다고 대답했다. 어머니는 다시 한 번 더 그림을 보시더니, 눈물을 글썽이면서 내 머리를 쓰다듬어주셨다.

큰외삼촌도 만족스럽다는 듯이 흐뭇한 미소를 머금으시고,

"자! 상량식 올리자!"라고 하셨다.

큰외삼촌의 지시에 따라서, 아버지와 어머니, 동네 어른들이 새로 지어질 집 정중앙의 대들보 밑에 돼지 머리와 떡 시루를 올려놓은 상을 차려 놓았다. 그 상 앞에 돗자리를 깔아 놓고, 아버지가 제일 먼저 절을 한 후, 우리 어린 형제들과 큰외삼촌도 절을 했다.

큰외삼촌은 대들보를 지탱하고 있는 기둥의 초석에 막걸리를 한 잔씩 부으시면서, 알아들을 수 없을 정도로 작은 목소리로 중얼거리셨다. 마치 어떤 주문을 외우시는 것처럼 들렸다.

나는 궁금해서 뭐라고 중얼거리셨는지 큰외삼촌이 쉬고 있을 때 여쭤볼 생각이었는데, 마침 큰외삼촌이 물 한 잔을 가져오라고 하셨다. 그 말이 끝나기도 선에 바가지로 물을 떠서 가져다 드리면서, "큰외삼촌! 아까 기둥에 뭐라고 중얼거리셨어요?" 하고 물었다.

큰외삼촌은 내가 싱거운 녀석이라는 듯이 픽 웃으시면서, "너희 집 잘 지키라고 했다! 너도 가서 한 잔씩 부어주어라!"라고 하셨다. 나는 큰외삼촌이 시키시는 대로 기둥을 받치고 서 있는 초석을 앞쪽부터 차례로 돌아가면서 막걸리를 부어주며, 우리 새집을 오래오래 잘 지켜달라고 숨죽이는 소리로 빌었다.

그렇게 하여 우리 새 집은 멋진 뼈대를 갖추었다. 그 후 한 달 여에 걸쳐 지붕과 벽, 방바닥공사가 끝나고 방문들이 달리자, 큰 외삼촌이 도화지에 그려주셨던 그림과 똑같은 우리 집이 탄생했다.

어머니 형제는 진짜 형제였다

집 짓는 일이 끝난 후, 어느 날 난 학교에서 돌아와 눈물겨운 목격자가 되었다.

비닐하우스 살림집에서 아버지랑 어머니랑 큰외삼촌이 서로 싸우면서 실랑이를 벌이는 것처럼 보였다. 나는 무슨 영문인지 궁금해서 살금살금 다가갔다.

그런 나를 큰외삼촌이 쳐다보시더니, 갑자기 어머니에게 "저 녀석들 잘 키워! 그리고 잘 살면 되는 거야!"라고, 화난 목소리 로 소리를 지르셨다.

아무 영문도 모르는 나는 왜 큰외삼촌과 어머니가 심각하게 싸우시는지 더욱 궁금해졌다.

우리 집을 지어주시는 동안 아무리 힘들어도 항상 웃으셨던 큰외삼촌이 그렇게 화를 내시는 모습을 보니, 큰외삼촌의 마음이 몹시 뒤틀려 버렸다는 것을 감지할 수 있었다.

나는 조금 떨어진 부엌 쪽으로 가서 무슨 사연인지 엿듣고 있었다. 마침 어머니가 나지막한 목소리로 "오빠! 가지고 가요."라고 하시며, 무언가 손으로 내밀자, 큰외삼촌은 다시 버럭 화를 내시며 "네가 정 그러면, 난 앞으로 네 집 발길을 끊는다! 내가 돈 받고 일할 곳이 없어서, 네 집 지어준 줄 아냐? 나는 네 집 지어줘서 더 기뻐! 내 말 알아들었으면, 당장 집어넣어!"라고 화난 목소리를 더욱 높이셨다.

자초지종을 알고 보니, 어머니랑 아버지가 큰외삼촌에게 그동안 일한 품삯을 드리자, 큰외삼촌은 그 품삯을 받지 않겠다고 하여, 옥신각신 그렇게도 실랑이가 벌어진 것이었다.

나는 가만히 지켜보다가 어머니 말이 옳다고 생각해서 "큰외삼촌! 그냥 받으세요!"라고 머뭇거리며 말했다.

큰외삼촌은 대뜸 "내가 너희 집 지어주었으니, 너희들이 커서 돈 벌면, 그때 갚아라!"라고 하시면서, 내 얼굴을 빤히 쳐다보셨다. 그리고 어머니에게 "저 녀석들 잘 키워! 그리고 아프지 말고 잘 살아!" 하시면서, 벌떡 일어나 손수 지어주신 새집의 기둥들을 어루만지며 한 바퀴 돌아보셨다. 그러고는 다시 비닐하우스 살림집에 오셔서, 어머니에게 "해 넘어가기 전에 가게 밥이나 줘!"라고 하셨다.

어머니는 고마우면서도 미안한 마음에 큰외삼촌의 두 손을 꼭 잡고 고개를 숙인 채 한참 우셨다. 나는 그저 큰외삼촌과 어머니의 모습을 번갈아 바라볼 뿐, 한마디의 말도 어떤 행동도 할 수 없었다.

시간이 좀 지나서, 큰외삼촌이 어머니의 어깨를 손으로 토닥이면서 "잘 살아라! 잘 살아! 오빠 마음은 그것밖에 없다!"라고 하시더니, "어서 밥이나 줘라! 가게!"라고 하셨다.

어머니는 그제야 고개를 들고 눈물을 닦으시고, 부엌으로 가셔서 미리 차려두었던 정사각형의 붉은색 나무 밥상을 들고 오셔서 큰외삼촌 앞에 놓아 드렸다.

큰외삼촌은 어머니가 차려주신 저녁밥을 몇 수저 만에 드시고 나서, 어머니 옆에 서 있던 나에게 따뜻한 목소리로 "또 올게! 잘 있어라!" 하시면서 연장 몇 가지를 더 챙기시더니, 십오 리쯤 떨어진 외할머니댁과 붙어 있는 큰외삼촌댁으로 훌쩍 떠나셨다. 몇 달 동안 이른 아침에 오셔서 해가 질 때까지 일하며 집을 지어주신 품삯도 받지 않고, 그냥 떠나셨다.

어머니는 큰외삼촌의 모습이 시야에서 사라질 때까지 마당에 서서 목을 길게 빼시고 큰외삼촌의 뒷모습을 바라보면서 눈물을 훔치셨다.

그날 밤은 내 얼굴을 빤히 쳐다보시면서, 어머니에게 "저 녀석들 잘 키워! 그리고 아프지 말고 잘 살아!"라고 하시던 큰외삼촌의 자상하신 모습이 어른거려 잠 못 이루는 밤이었다. 내 영혼이 형제간의 우애를 조금씩 알게 되었다.

나도 얼른 커서 어머니 형제들처럼 형제들을 돕는 사람이 되어야겠다고 일기장에 적어 두었다.

어린 시절을 살아오는 동안 그날 어머니가 나지막한 목소리로 "오빠! 가지고 가요."라며 무언가 내밀자 버럭 화를 내시며 "네가 정 그러면, 난 앞으로 네 집 발길을 끊는다! 내가 돈 받고 일할 곳이 없어서, 네 집 지어준 줄 아냐? 나는 네 집 지어줘서 더 기뻐! 내 말 알아들었으면, 당장 집어넣어!"라는 목소리가 어디선가 들려올 때마다, 인정이 많았던 어머니 형제들에게 고마웠다. 그리고 그날처럼 어려운 형제들의 마음을 헤아리겠다는 다짐을 떠오르게 해주는 추억들이 내 영혼을 조금씩 더 순수하게 해주었다.

권선복
(도서출판 행복에너지 대표이사)

삶을 따라다니는 철없던 어린 시절의
순수하고 맑았던 영혼의 기억을 통해
행복과 긍정의 에너지가
팡팡팡 샘솟으시기를 기원드립니다!

우리는 살아가며 많은 부분을 경험에 의존합니다. 그래서 이전에 겪었던 일을 바탕으로 지금 벌어지는 일을 해결하거나 대처하곤 합니다. 그런데 이렇게 눈앞의 문제를 해결하기 위한 지식적인 경험이 아닌, 우리 인생을 지탱하는 기억이 있습니다. 가장 순수하던 시절의 맑았던 마음으로 겪었던 경험, 그때의 철없던 생각 그리고 솔직했던 감정은 우리가 살아가는 동안 겪을 많은 난관에서 우리의 영혼을 지켜주고 지탱해줍니다. 그렇기에 어린 시절의 경험은 그 어떤 기억보다도 중요합니다.

책『내 영혼을 춤추게 했던 날들』은 저자가 어린 시절, 순수했던

던 영혼의 기억을 회상하며 저자의 인생을 지탱해주었던 경험을 전합니다. 그의 기억은 우리에게도 순수했던 유년시절을 떠올리게 하며, 좀 더 따뜻하고 맑게 영혼을 깨우는 추억이 될 것입니다. 저자는 "철없는 어린 시절처럼 살 수만 있다면, 얼마나 좋을까?"라는 말로 어린 시절의 순수했던 기억을 회상하기 시작합니다. 어머니와의 추억, 동생과의 추억, 집 주변 야생동물과의 추억 등을 통해 어린 시절을 회상 합니다. 저자의 추억과 함께하다 보면 우리도 순수했던 시절의 기억이 삶의 근원임을 깨달아 그 시절을 되돌아 보고 영혼이 따뜻해지며 춤추게 될 것입니다.

우리 삶의 근원에는 가장 순수했던 시절의 기억이 있습니다. 그 시절의 기억이야말로 우리의 삶을 가장 든든하게 지켜주는 원체험이 됩니다. 잊고 있었거나 기억의 저편에 묻어두었던 추억을 되살림으로써 이 책을 읽는 모든 분들이 순수했던 시절의 기억을 되찾아 다시 그때처럼 살아갈 수 있기를 바랍니다. 또한 저자의 선한 기운이 이 책을 읽는 분들의 삶에 널리 퍼져 모든 분들의 삶에 행복과 긍정의 에너지가 팡팡팡 샘솟으시기를 기원드립니다.

'행복에너지'의 해피 대한민국 프로젝트!
〈모교 책 보내기 운동〉

대한민국의 뿌리, 대한민국의 미래 **청소년·청년**들에게 **책**을 보내주세요.

많은 학교의 도서관이 가난해지고 있습니다. 그만큼 많은 학생들의 마음 또한 가난해지고 있습니다. 학교 도서관에는 색이 바래고 찢어진 책들이 나뒹굽니다. 더럽고 먼지만 앉은 책을 과연 누가 읽고 싶어 할까요?
게임과 스마트폰에 중독된 초·중고생들. 입시의 문턱 앞에서 문제집에만 매달리는 고등학생들. 험난한 취업 준비에 책 읽을 시간조차 없는 대학생들. 아무런 꿈도 없이 정해진 길을 따라서만 가는 젊은이들이 과연 대한민국을 이끌 수 있을까요?

한 권의 책은 한 사람의 인생을 바꾸는 힘을 가지고 있습니다. 한 사람의 인생이 바뀌면 한 나라의 국운이 바뀝니다. **저희 행복에너지에서는 베스트셀러와 각종 기관에서 우수도서로 선정된 도서를 중심으로 〈모교 책 보내기 운동〉을 펼치고 있습니다.** 대한민국의 미래, 젊은이들에게 좋은 책을 보내주십시오. 독자 여러분의 자랑스러운 모교에 보내진 한 권의 책은 더 크게 성장할 대한민국의 발판이 될 것입니다.

도서출판 행복에너지를 성원해주시는 독자 여러분의 많은 관심과 참여 부탁드리겠습니다.

 도서출판 **행복에너지** 임직원 일동

두드려라! 꿈이 열릴것이다

권익철 지음 | 값 15,000원

이 책 『열화일기 – 뜨거운 꽃의 일기』는 격동의 1980년대 초, 갓 성인이 되어 여대생으로서 세상에 발을 내딛은 저자의 꿈과 포부, 고뇌, 그리고 짧지만 뜨거 웠던 첫사랑의 이야기가 담긴 책이다. 누구나 한 번은 누리지만 두 번은 누리 지 못하는 청춘, 그렇기에 이 책은 뜨거운 청춘을 경험해본 독자들에게는 다시 금 영혼을 울리는 경험을, 지금 청춘을 누리고 있는 독자들에게는 청춘의 의미 에 대해 되돌아보게 하는 기회를 선사할 것이다.

왜, 바나나는 어깨동무를 하고 있을 까요?

서명진 지음 | 값 15,000원

책 『왜, 바나나는 어깨동무를 하고 있을까요?』는 때로는 동시와 같은 순수함으 로, 때로는 성숙하고 아련한 어른의 언어로 시를 그려낸다. 함께 실린 삽화는 자연스럽게 시와 어우러져 독자를 빠져들게 한다. 시인 서명진의 기억으로 초 대받아 시를 읽음으로써 기억의 퍼즐 조각을 하나하나 맞추다 보면 시인의 바 람대로 시 한 줄, 시 한 편이 마음의 서재에 꽂혀있게 될 것이다.

아내가 생머리를 잘랐습니다

유동효 지음 | 값 15,000원

시집 『아내가 생머리를 잘랐습니다』는 시련을 통해 가족이 성숙해 가는 과정을 담고 있다. 암에 걸린 간호사 아내와 남편, 아이들로 이루어진 가족이 함께 시 련을 극복해가는 모습이 오롯이 녹아 있는 것이다.
미약한 일개 인간의 힘으로 넘어설 수 없는 암이라는 시련을 넘어서는 가족의 힘은 동시에 노력과 자기 단련의 시간이 있어야 가정이라는 사랑의 공동체를 유지할 수 있다는 진리를 역설한다.